GTB
Gütersloher Taschenbücher
1322

D1728229

Robert Leicht

Geboren 1944, Journalist, arbeitete von 1970 bis 1985 bei der Süddeutschen Zeitung, danach bei der Wochenzeitung DIE ZEIT, von 1992-1997 als Chefredakteur, seither als Politischer Korrespondent. Er ist Mitglied des Rates der Evangelischen Kirche in Deutschland und Präsident der Evangelischen Akademie zu Berlin.

Robert Leicht

Ihr seid das Salz der Erde!

2000 Jahre Christen im Widerspruch

Gütersloher Verlagshaus

Originalausgabe

Die Deutsche Bibliothek – CIP-Einheitsaufnahme

Leicht, Robert:
Ihr seid das Salz der Erde! : 2000 Jahre Christen im Widerspruch /
Robert Leicht. – Orig.-Ausg. – 2. Auflage –
Gütersloh : Gütersloher Verl.-Haus, 1999
   (Gütersloher Taschenbücher ; 1322)
   ISBN 3-579-01322-X

ISBN 3-579-01322-X
2., durchgesehene Auflage, 1999
© Gütersloher Verlagshaus, Gütersloh 1999

Umschlaggestaltung: INIT, Bielefeld, unter Verwendung eines Fotos,
© Anne Gold, Aachen, des Gemäldes »Unvollendetes Doppelkreuz«
(Schlußbild des Zyklus *Scandalum crucis,* 1969) von Herbert Falken,
Suermondt-Ludwig-Museum, Aachen.
Satz: Weserdruckerei Rolf Oesselmann GmbH, Stolzenau
Druck und Bindung: Clausen & Bosse, Leck
Gedruckt auf chlorfrei gebleichtem Werkdruckpapier
Printed in Germany

Inhalt

Widmung

Die Texte dieses Bandes sind, leicht gekürzt, im Frühjahr 1999 – von Ostern bis Pfingsten – als Serie in der ZEIT erschienen, im Rahmen eines größeren Projekts zur Jahrtausendwende. Daß eine säkulare Zeitung ein solches Vorhaben trägt und (gegen verbreitete, wohl auch verständliche Skepsis) erträgt, ist ungewöhnlich – und erfreulich. Die journalistischen Produktionsbedingungen weichen, was jeder weiß und dem Autor nachsehen wird, von den Zunftregeln wissenschaftlicher Literatur ab.

Auf einen solchen schwierigen Weg begibt sich niemand ohne Hilfe. Ich danke meinem Kollegen Gero von Randow für Anstoß und Ansporn, Zutrauen – und die Bereitschaft zum Risiko. Während der zuweilen entmutigenden Arbeit halfen Anregungen weiter, die sich manchmal am Rande ganz anderer Gespräche fast absichtslos ergaben. Für solche oft folgenreiche Zurufe danke ich vor allem Hermann M. Barth.

Den Band widme ich den Studierenden, den Repetenten und Mitarbeitern des Evangelischen Stifts in Tübingen, zuvörderst ihrem Ephorus Professor Dr. Eberhard Jüngel. Sie alle haben mir im Herbst 1997 in einer dadurch beglückenden Zeit des Übergangs ihre Gastfreundschaft gewährt.

Robert Leicht

Vorbemerkung

Das Millenium – die Zeitenwende von zweiten zum dritten Jahrtausend: Weshalb nicht zum vierten, zum fünften? Unsere Zeitrechnung fängt mit einer historischen Person an – und daß sie immer noch gilt, könnte damit zu tun haben, daß dies nicht nur eine historische Person war. Die Zeitrechnung und die in ihr zurückgelegte Zeit sind nicht zu verstehen ohne den Einfluß und die widersprüchliche Geschichte des Christentums. Und wie wäre es zu verstehen, daß das Christentum trotz aller Widersprüche – des Widerspruchs gegen die Welt und des eigenen Scheiterns an diesem Widerspruch – nicht untergegangen ist? Sondern immer noch als »Salz der Erde« wirkt – immer deutlicher als (vorerst große) Minderheit, zumindest in unseren Breiten; aber eben als Würze, als Konservierungsmittel (und folglich: als Erhaltungsmittel) wie als Fremdkörper. Einer der Ur-Texte, der unsere Zivilisation weit über den Kreis der Kirchen hinaus geprägt hat, ist die Bergpredigt; aus ihr stammt auch die Metapher vom »Salz der Erde«. An diesem Text lassen sich, im Ausschnitt und wie im Fokus eines Brennglases, einige prägekräftige, weil den normalen Ablauf der Dinge verstörende Grundtypen und Denkmuster christlicher Theologie erklären – den »Gebildeten unter den Verächtern«; ohne damit auch nur von Ferne den Anspruch erheben zu wollen, den vor genau 200 Jahren der junge Friedrich Schleiermacher mit seinen fünf »Reden über die Religion« eingelöst hat. Wir folgen auf unserem Weg durch diese Geschichte des Widersprechens und Zuwiderhandelns den acht Seligpreisungen der Bergpredigt.

Die Bergpredigt (Matthäus 5-7)

Die Seligpreisungen

⁵ Als er aber das Volk sah, ging er auf einen Berg und setzte sich; und seine Jünger traten zu ihm.

² Und er tat seinen Mund auf, lehrte sie und sprach:

³ *Selig sind, die da geistlich arm sind; denn ihrer ist das Himmelreich.*

⁴ *Selig sind, die da Leid tragen; denn sie sollen getröstet werden.*

⁵ *Selig sind die Sanftmütigen; denn sie werden das Erdreich besitzen.*

⁶ *Selig sind, die da hungert und dürstet nach der Gerechtigkeit; denn sie sollen satt werden.*

⁷ *Selig sind die Barmherzigen; denn sie werden Barmherzigkeit erlangen.*

⁸ *Selig sind, die reinen Herzens sind; denn sie werden Gott schauen.*

⁹ *Selig sind die Friedfertigen; denn sie werden Gottes Kinder heißen.*

¹⁰ *Selig sind, die um der Gerechtigkeit willen verfolgt werden; denn ihrer ist das Himmelreich.*

¹¹ Selig seid ihr, wenn euch die Menschen um meinetwillen schmähen und verfolgen und reden allerlei Übles gegen euch, wenn sie damit lügen.

¹² Seid fröhlich und getrost; es wird euch im Himmel reichlich belohnt werden. Denn ebenso haben sie verfolgt die Propheten, die vor euch gewesen sind.

Salz und Licht

¹³ *Ihr seid das Salz der Erde.* Wenn nun das Salz nicht mehr salzt, womit soll man salzen? Es ist zu nichts mehr nütze, als daß man es wegschüttet und läßt es von den Leuten zertreten.

¹⁴ *Ihr seid das Licht der Welt.* Es kann die Stadt, die auf einem Berge liegt, nicht verborgen sein.

¹⁵ Man zündet auch nicht ein Licht an und setzt es unter einen Scheffel, sondern auf einen Leuchter; so leuchtet es allen, die im Hause sind.

¹⁶ So laßt euer Licht leuchten vor den Leuten, damit sie eure guten Werke sehen und euren Vater im Himmel preisen.

Jesu Stellung zum Gesetz

¹⁷ Ihr sollt nicht meinen, daß ich gekommen bin, das Gesetz oder die Propheten aufzulösen; ich bin nicht gekommen aufzulösen, sondern zu erfüllen.

¹⁸ Denn wahrlich, ich sage euch: Bis Himmel und Erde vergehen, wird nicht vergehen der kleinste Buchstabe noch ein Tüpfelchen vom Gesetz, bis es alles geschieht.

¹⁹ Wer nun eines von diesen kleinsten Geboten auflöst und lehrt die Leute so, der wird der Kleinste heißen im Himmelreich; wer es aber tut und lehrt, der wird groß heißen im Himmelreich.

²⁰ Denn ich sage euch: Wenn eure Gerechtigkeit nicht besser ist als die der Schriftgelehrten und Pharisäer, so werdet ihr nicht in das Himmelreich kommen.

Vom Töten

²¹ Ihr habt gehört, daß zu den Alten gesagt ist (2. Mose 20,13; 21,12): Du sollst nicht töten; wer aber tötet, der soll des Gerichts schuldig sein.

²² Ich aber sage euch: Wer mit seinem Bruder zürnt, der ist des Gerichts schuldig; wer aber zu seinem Bruder sagt: Du Nichtsnutz!, der ist des Hohen Rats schuldig; wer aber sagt: Du Narr!, der ist des höllischen Feuers schuldig.

²³ Darum: wenn du deine Gabe auf dem Altar opferst und dort kommt dir in den Sinn, daß dein Bruder etwas gegen dich hat,

²⁴ so laß dort vor dem Altar deine Gabe und geh zuerst hin und versöhne dich mit deinem Bruder und dann komm und opfere deine Gabe.

²⁵ Vertrage dich mit deinem Gegner sogleich, solange du noch mit ihm auf dem Weg bist, damit dich der Gegner nicht dem Richter überantworte und der Richter dem Gerichtsdiener und du ins Gefängnis geworfen werdest.

²⁶ Wahrlich, ich sage dir: Du wirst nicht von dort herauskommen, bis du auch den letzten Pfennig bezahlt hast.

Vom Ehebrechen

[27] Ihr habt gehört, daß gesagt ist (2. Mose 20,14): »Du sollst nicht ehebrechen.«
[28] Ich aber sage euch: Wer eine Frau ansieht, sie zu begehren, der hat schon mit ihr die Ehe gebrochen in seinem Herzen.
[29] Wenn dich aber dein rechtes Auge zum Abfall verführt, so reiß es aus und wirf´s von dir. Es ist besser für dich, daß eins deiner Glieder verderbe und nicht der ganze Leib in die Hölle geworfen werde.
[30] Wenn dich deine rechte Hand zum Abfall führt, so hau sie ab und wirf sie von dir. Es ist besser für dich, daß eins deiner Glieder verderbe und nicht der ganze Leib in die Hölle fahre.
[31] Es ist auch gesagt (5. Mose 24,1): »Wer sich von seiner Frau scheidet, der soll ihr einen Scheidebrief geben.«
[32] Ich aber sage euch: Wer sich von seiner Frau scheidet, es sei denn wegen Ehebruchs, der macht, daß die Ehe bricht; und wer eine Geschiedene heiratet, der bricht die Ehe.

Vom Schwören

[33] Ihr habt weiter gehört, daß zu den Alten gesagt ist (3. Mose 19,12; 4. Mose 30,3): »Du sollst keinen falschen Eid schwören und du sollst dem Herrn deinen Eid halten.«
[34] Ich aber sage euch, daß ihr überhaupt nicht schwören sollt, weder bei dem Himmel, denn er ist Gottes Thron,
[35] noch bei der Erde, denn sie ist der Schemel seiner Füße; noch bei Jerusalem, denn sie ist die Stadt des großen Königs.
[36] Auch sollst du nicht bei deinem Haupt schwören; denn du vermagst nicht ein einziges Haar weiß oder schwarz zu machen.
[37] Eure Rede aber sei: Ja, ja; nein, nein. Was darüber ist, das ist vom Übel.

Vom Vergelten

[38] Ihr habt gehört, daß gesagt ist (2. Mose 21,24): »Auge um Auge, Zahn um Zahn.«
[39] Ich aber sage euch, daß ihr nicht widerstreben sollt dem Übel; sondern: wenn dich jemand auf deine rechte Backe schlägt, dem biete die andere auch dar.

⁴⁰ Und wenn jemand mit dir rechten will und dir deinen Rock neh-men, dem laß auch den Mantel.
⁴¹ Und wenn dich jemand nötigt, eine Meile mitzugehen, so geh mit ihm zwei.
⁴² Gib dem, der dich bittet, und wende dich nicht ab von dem, der etwas von dir borgen will.

Von der Feindesliebe

⁴³ Ihr habt gehört, daß gesagt ist (3. Mose 19,18): »Du sollst deinen Nächsten lieben« und deinen Feind hassen.
⁴⁴ Ich aber sage euch: *Liebt eure Feinde und bittet für die, die euch verfolgen,*
⁴⁵ *damit ihr Kinder seid eures Vaters im Himmel.* Denn er läßt seine Sonne aufgehen über Böse und Gute und läßt regnen über Gerechte und Ungerechte.
⁴⁶ Denn wenn ihr liebt, die euch lieben, was werdet ihr für Lohn haben? Tun nicht dasselbe auch die Zöllner?
⁴⁷ Und wenn ihr nur zu euren Brüdern freundlich seid, was tut ihr Besonderes? Tun nicht dasselbe auch die Heiden?
⁴⁸ *Darum sollt ihr vollkommen sein, wie euer Vater im Himmel voll-kommen ist.*

Vom Almosengeben

⁶ Habt acht auf eure Frömmigkeit, daß ihr die nicht übt vor den Leu-ten, um von ihnen gesehen zu werden; ihr habt sonst keinen Lohn bei eurem Vater im Himmel.
² Wenn du nun Almosen gibst, sollst du es nicht vor dir ausposaunen lassen, wie es die Heuchler tun in den Synagogen und auf den Gas-sen, damit sie von den Leuten gepriesen werden. Wahrlich, ich sage euch: Sie haben ihren Lohn schon gehabt.
³ Wenn du aber Almosen gibst, so laß deine linke Hand nicht wissen, was die rechte tut,
⁴ damit dein Almosen verborgen bleibe; und dein Vater, der in das Verborgene sieht, wird dir's vergelten.

Vom Beten. Das Vaterunser

⁵ Und wenn ihr betet, sollt ihr nicht sein wie die Heuchler, die gern in den Synagogen und an den Straßenecken stehen und beten, damit sie von den Leuten gesehen werden. Wahrlich, ich sage euch: Sie haben ihren Lohn schon gehabt.

⁶ Wenn du aber betest, so geh in dein Kämmerlein und schließ die Tür zu und bete zu deinem Vater, der im Verborgenen ist; und dein Vater, der in das Verborgene sieht, wird dir's vergelten.

⁷ Und wenn ihr betet, sollt ihr nicht viel plappern wie die Heiden; denn sie meinen, sie werden erhört, wenn sie viele Worte machen.

⁸ Darum sollt ihr ihnen nicht gleichen. Denn euer Vater weiß, was ihr bedürft, bevor ihr ihn bittet.

⁹ Darum sollte ihr so beten:
Unser Vater im Himmel!
Dein Name werde geheiligt.
¹⁰ *Dein Reich komme.*
Dein Wille geschehe wie im Himmel so auf Erden.
¹¹ *Unser tägliches Brot gib uns heute.*
¹² *Und vergib uns unsere Schuld,*
wie auch wir vergeben unsern Schuldigern.
¹³ *Und führe uns nicht in Versuchung,*
sondern erlöse uns von dem Bösen.
[Denn dein ist das Reich und die Kraft und die Herrlichkeit in Ewigkeit. Amen.]

¹⁴ Denn wenn ihr den Menschen ihre Verfehlungen vergebt, so wird euch euer himmlischer Vater auch vergeben.

¹⁵ Wenn ihr aber den Menschen nicht vergebt, so wird euch euer Vater eure Verfehlungen auch nicht vergeben.

Vom Fasten

¹⁶ Wenn ihr fastet, sollt ihr nicht sauer dreinsehen wie die Heuchler; denn sie verstellen ihr Gesicht, um sich vor den Leuten zu zeigen mit ihrem Fasten. Wahrlich, ich sage euch: Sie haben ihren Lohn schon gehabt.

¹⁷ Wenn du aber fastest, so salbe dein Haupt und wasche dein Gesicht, ¹⁸ damit du dich nicht vor den Leuten zeigst mit deinem Fasten, sondern vor deinem Vater, der im Verborgenen ist; und dein Vater, der in das Verborgene sieht, wird dir's vergelten.

Vom Schätzesammeln und Sorgen

[19] Ihr sollt euch nicht Schätze sammeln auf Erden, wo sie die Motten und der Rost fressen und wo die Diebe einbrechen und stehlen. [20] Sammelt euch aber Schätze im Himmel, wo sie weder Motten noch Rost fressen und wo die Diebe nicht einbrechen und stehlen. [21] Denn wo dein Schatz ist, da ist auch dein Herz. [22] Das Auge ist das Licht des Leibes. Wenn dein Auge lauter ist, so wird dein ganzer Leib licht sein. [23] Wenn aber dein Auge böse ist, so wird dein ganzer Leib finster sein. Wenn nun das Licht, das in dir ist, Finsternis ist, wie groß wird dann die Finsternis sein!

[24] *Niemand kann zwei Herren dienen: entweder er wird den einen hassen und den andern lieben, oder er wird an dem einen hängen und den andern verachten. Ihr könnt nicht Gott dienen und dem Mammon.*

[25] Darum sage ich euch: Sorgt nicht um euer Leben, was ihr essen und trinken werdet; auch nicht um euren Leib, was ihr anziehen werdet. Ist nicht das Leben mehr als die Nahrung und der Leib mehr als die Kleidung? [26] Seht die Vögel unter dem Himmel an: sie säen nicht, sie ernten nicht, sie sammeln nicht in die Scheunen; und euer himmlischer Vater ernährt sie doch. Seid ihr denn nicht viel mehr als sie? [27] Wer ist unter euch, der seines Lebens Länge eine Spanne zusetzen könnte, wie sehr er sich auch darum sorgt? [28] Und warum sorgt ihr euch um die Kleidung? Schaut die Lilien auf dem Feld an, wie sie wachsen; sie arbeiten nicht, auch spinnen sie nicht. [29] Ich sage euch, daß auch Salomon in aller seiner Herrlichkeit nicht gekleidet gewesen ist wie eine von ihnen. [30] Wenn nun Gott das Gras auf dem Feld so kleidet, das doch heute steht und morgen in den Ofen geworfen wird: sollte er das nicht viel mehr für euch tun, ihr Kleingläubigen? [31] Darum sollt ihr nicht sorgen und sagen: Was werden wir essen? Was werden wir trinken? Womit werden wir uns kleiden? [32] Nach dem allen trachten die Heiden. Denn euer himmlischer Vater weiß, daß ihr all dessen bedürft.

[33] *Trachtet zuerst nach dem Reich Gottes und nach seiner Gerechtigkeit, so wird euch das alles zufallen.*

[34] Darum sorgt nicht für morgen, denn der morgige Tag wird für das Seine sorgen. Es ist genug, daß jeder Tag seine eigene Plage hat.

Vom Richtgeist

[7] Richtet nicht, damit ihr nicht gerichtet werdet.

[2] Denn nach welchem Recht ihr richtet, werdet ihr gerichtet werden; und mit welchem Maß ihr meßt, wird euch zugemessen werden.

[3] Was siehst du aber den Splitter in deines Bruders Auge und nimmst nicht wahr den Balken in deinem Auge?

[4] Oder wie kannst du sagen zu deinem Bruder: Halt, ich will dir den Splitter aus deinem Auge ziehen?, und siehe, ein Balken ist in deinem Auge.

[5] Du Heuchler, zieh zuerst den Balken aus deinem Auge; danach sieh zu, wie du den Splitter aus deines Bruders Auge ziehst.

[6] Ihr sollt das Heilige nicht den Hunden geben, und eure Perlen sollt ihr nicht vor die Säue werfen, damit die sie nicht zertreten mit ihren Füßen und sich umwenden und euch zerreißen.

Von der Gebetserhörung

[7] *Bittet, so wird euch gegeben; suchet, so werdet ihr finden; klopfet an, so wird euch aufgetan.*

[8] *Denn wer da bittet, der empfängt; und wer da sucht, der findet; und wer da anklopft, dem wird aufgetan.*

[9] Wer ist unter euch Menschen, der seinem Sohn, wenn er ihn bittet um Brot, einen Stein biete?

[10] oder, wenn er ihn bittet um einen Fisch, eine Schlange biete?

[11] Wenn nun ihr, die ihr doch böse seid, dennoch euren Kindern gute Gaben geben könnt, wieviel mehr wird euer Vater im Himmel Gutes geben denen, die ihn bitten!

Vom Tun des göttlichen Willens

[12] *Alles nun, was ihr wollt, daß euch die Leute tun sollen, das tut ihnen auch! Das ist das Gesetz und die Propheten.*

[13] *Geht hinein durch die enge Pforte. Denn die Pforte ist weit, und der Weg ist breit, der zur Verdammnis führt, und viele sind´s, die auf ihm hineingehen.*

[14] *Wie eng ist die Pforte und wie schmal der Weg, der zum Leben führt, und wenige sind´s, die ihn finden.*

¹⁵ Seht euch vor vor den falschen Propheten, die in Schafskleidern zu euch kommen, inwendig aber sind sie reißende Wölfe.

¹⁶ An ihren Früchten sollt ihr sie erkennen. Kann man denn Trauben lesen von den Dornen oder Feigen von den Disteln?

¹⁷ So bringt jeder gute Baum gute Früchte; aber ein fauler Baum bringt schlechte Früchte.

¹⁸ Ein guter Baum kann nicht schlechte Früchte bringen, und ein fauler Baum kann nicht gute Früchte bringen.

¹⁹ Jeder Baum, der nicht gute Früchte bringt, wird abgehauen und ins Feuer geworfen.

²⁰ Darum: an ihren Früchten sollt ihr sie erkennen.

²¹ *Es werden nicht alle, die zu mir sagen: Herr, Herr!, in das Himmelreich kommen, sondern die den Willen tun meines Vaters im Himmel.*

²² Es werden viele zu mir sagen an jenem Tage: Herr, Herr, haben wir nicht in deinem Namen geweissagt? Haben wir nicht in deinem Namen böse Geister ausgetrieben? Haben wir nicht in deinem Namen viele Wunder getan?

²³ Dann werde ich ihnen bekennen: Ich habe euch noch nie gekannt; weicht von mir, ihr Übeltäter!

Vom Hausbau

²⁴ Darum, wer diese meine Rede hört und tut sie, der gleicht einem klugen Mann, der sein Haus auf Fels baute.

²⁵ Als nun ein Platzregen fiel und die Wasser kamen und die Winde wehten und stießen an das Haus, fiel es doch nicht ein; denn es war auf Fels gegründet.

²⁶ Und wer diese meine Rede hört und tut sie nicht, der gleicht einem törichten Mann, der sein Haus auf Sand baute.

²⁷ Als nun ein Platzregen fiel und die Wasser kamen und die Winde wehten und stießen an das Haus, da fiel es ein, und sein Fall war groß.

²⁸ Und es begab sich, als Jesus diese Rede vollendet hatte, daß sich das Volk entsetzte über seine Lehre;

²⁹ denn er lehrte sie mit Vollmacht und nicht wie ihre Schriftgelehrten.

(Text aus der Lutherbibel, revidierter Text 1984, mit freundlicher Genehmigung der Deutschen Bibelgesellschaft Stuttgart)

I. 2000 Jahre im Widerspruch
Selig sind, die da geistlich arm sind; denn ihrer ist das Himmelreich

Die Bergpredigt setzt schon im ersten Satz mit dem ein, was sie ihrem ganzen Wesen nach ist: mit dem vollkommenen Widerspruch zu unserer Welt, wie sie ist. Und doch zugleich mit dem endgültigen Ausdruck dessen, was sie sein soll. In Zuspruch und Widerspruch formuliert dieser Leit-Text den christlichen Anspruch auf die Welt – als deren vollendete Veränderung.

Nun ist aber die Welt, wie sie ist. Hat dies der Bergpredigt die Kraft genommen – nach 2000 Jahren des Christentums? Die Kraft genommen zumal angesichts der Tatsache, daß das Christentum vom Widerspruch der Bergpredigt geprägt ist – und ihr oft genug selber zuwider gelebt hat? Das Rätsel, man könnte es fast ein Wunder nennen: Kein Text steht so quer zum vermeintlich wirklichen Leben – und trotzdem läßt er die Menschen nicht los. Es ist so, als glaubten sie in Wirklichkeit nicht, woran sie in der Wirklichkeit nicht glauben. Vermeintlich nicht glauben.

Mit einem aberwitzig erscheinenden Widerspruch setzt die Bergpredigt ein:»Selig sind, die da geistlich arm sind; denn ihrer ist das Himmelreich.« Was heißt hier: selig? Im Griechischen steht an dieser Stelle das Wort: μακάριοι – *makarioi*: Glückliche seien jene Armen, Glückselige also. Eine solche Behauptung widerspricht allen plausiblen menschlichen Erfahrungen. Selbst wenn diese Behauptung nur als Futur gemeint wäre (Ja, irgendwann im Himmelreich, das sie dann erben werden, werden sie für alle Unbill hierzulande entschädigt werden…), wirkte sie vielleicht weniger weltfremd – wäre aber doch als zeit- und weltenferne Vertröstung aufs Jenseits, in Tagespreisen notiert, ein allzu billiger, fast zynisch zu nennender Trost: Opium des armen Volkes ...

Aber nun steht dieser Satz auch noch im Indikativ: Selig *sind* ... Nicht etwa: *werden* sein ... »Denn ihrer *ist* das Himmelreich ... Und wiederum nicht: *wird* sein ... Sollte der wahre Humanist (und Christ) nicht viel eher der Armut hier und jetzt den Kampf ansagen?

Es gibt hier also vieles zu erklären: Wie kann dieses Gedicht der acht Seligpreisungen, zwei Strophen zu vier Versen, das die Bergpredigt einleitet, trotz seines offenkundigen Widerspruchs zu unseren Erfahrungen, seines – wie es scheint – Widersinnes in unserer Welt, die Zeiten überdauern? Wie kann die Bergpredigt insgesamt zu einem Leittext unserer, wie man so sagt: abendländischen Zivilisation geworden sein, obschon doch das Abendland in seiner gesamten Geschichte den Imperativen der Bergpredigt so wenig entsprechen wollte? Wo doch (fast) jeder gestandene Politiker wie aus der Pistole geschossen bekennt: Mit der Bergpredigt ist keine Politik zu machen!

Zu erklären bleibt aber vor allem, wie nicht nur dieser christliche Kardinaltext, sondern warum das Christentum überhaupt seine Geschichte überlebt hat. Und hat es diese fast zweitausendjährige Geschichte (nicht) etwa wirklich über-lebt, und zwar: endgültig? – Unser Kulturkreis richtet sich immer hektischer auf den Jahrtausendwechsel ein. Aber weshalb steht er uns gerade jetzt bevor? Doch nur, weil unsere Zeitrechnung an der Biographie eben jenes Mannes anknüpft, dem die Bergpredigt zugeschrieben wird: Wir leben – immer noch – im Jahre 1999 nach Christi Geburt, obschon die alte DDR den gekünstelten Versuch unternommen hatte, das Kürzel »n.Chr.« zu ersetzen durch »u.Z.« – nach unserer Zeit. Aber wer hätte sie uns denn gegeben, diese unsere Zeit? Oder von wem hätten wir sie uns genommen und sie uns angeeignet?

Wenn also das Christentum bis heute überlebt hat, und zwar als die unsere Zeitrechnung (und Zeit?) definierende Instanz – dann wegen der ungestillten Energie von ursprünglichen Texten wie der Bergpredigt. Die Bergpredigt erklären, heißt ein Stück dieser Widerspruchsgeschichte erklären: zwischen Verfolgtsein und Herrschen, zwischen Krieg und Frieden, Dogmatik und Toleranz, Einheit und Spaltung, zwischen Widerstand und Ergebung, Märtyrertum und Verrat – zwischen Wein und Wasser, in Predigt und Verhalten. Das, was die ursprünglichen Texte ausmacht, war offenbar nicht umzubringen durch das, was aus ihnen gemacht wurde, nur zu oft. Die Bergpredigt also als Schlüsseltext für ein – erklärungsbedürftiges Rätsel.

Es gibt wenige Texte in unserer Geschichte, die so oft, so gegensätzlich ausgelegt wurden – ohne daß die offenkundigen Gegensätze dazu geführt hätten, die Auseinandersetzung mit Text und Thema einfach einzustellen. Es ist offenbar nicht nur so, daß der Text die Widersprüche ausgehalten hätte; sondern die Widersprüche halten den Text offen, bewahren ihn vor der gültigen, der endgültigen – und damit letztlich: ungültigen »amtlichen« Interpretation. Der Geist ist ein Wühler!

Freilich gibt es auch historische Situationen, in denen Perfektion und Perversion der Auslegung nahe beieinander stehen. Im Jahr 1937 schrieb Dietrich Bonhoeffer sein Buch »Nachfolge«, sein einziges sowohl klassisches als auch vollendetes Werk – eine strenge Auslegung aus dem Geist fast mönchischer Perfektion; ein Buch, das seither mehrere Generationen von Theologen und Nicht-Theologen geprägt hat. Nur ein Jahr zuvor hatte der von den Nazis und den »Deutschen Christen« auf den Schild gehobene Reichsbischof Ludwig Müller unter dem Titel »Deutsche Gottesworte« verkündet: »Für Euch, meine Volksgenossen im Dritten Reich habe ich die Bergpredigt ›verdeutscht‹, nicht ›übersetzt‹; für Euch, denen das Christentum fremd geworden ist, daß ihr Gottes-Wort deutsch von neuem mit dem Herzen verstehen und begreifen möchtet.« Da wird dann aus dem griechischen Ruf μακάριοι οἱ εἰρηνοποιοι, wird aus der lateinischen Übersetzung *beati pacifici* , wird aus dem »Selig sind die Friedfertigen« die ›Verdeutschung‹: »Wohl denen, die mit ihren Volksgenossen Frieden halten«. Es fehlt eigentlich nur das »Heil, denen ...«, aber das Heil war ja wohl dem Führer vorbehalten, nicht den Volksgenossen. Daß diese Schrift zudem von übelsten Anti-Judaismen strotzt, macht sie, ungeachtet ihrer minimalen intellektuellen Halbwertzeit, zum niederträchtigsten und niedrigsten Dokument der christlichen Literaturgeschichte. Aber eben: Ein Jahr später reinigt Bonhoeffer sozusagen Luft und Sprache.

»Selig sind, die da geistlich arm sind; denn ihrer ist das Himmelreich.« Schon die erste der acht Seligpreisungen zeigt die der Brgpredigt eigentümliche utopische Spannung an. Utopie – darunter hätte man im strengsten Sinne ein Nirgendwo zu verstehen, einen Nicht-Raum. Oft genug in der Geschichte der Ideologien und ihrer Macht ist aber das Nirgendwo (und also auch das: Nirgendwann) zum Irgendwann umgedeutet worden. Wenn etwas irgendwann geschehen soll – warum dann nicht gleich? Das Problem des gewöhnlichen utopischen Denkens fängt dort an, wo das eigentlich raum- und zeitlos Gedachte, das Nirgendwo und Nirgendwann, in Raum und Zeit geholt werden soll: ins Hier und Jetzt. Zur Not mit Gewalt. Wieviele Opfer hat die gewaltsame Auflösung dieses unaufhebbaren Widerspruchs aller immanenter Utopie in der Menschheitsgeschichte gefordert, bis zum Zusammenbruch der meisten kommunistischen Diktaturen in der jüngsten Vergangenheit? Die utopische Spannung der Bergpredigt – und damit des Christentums – ist von anderer Natur: Der Gegensatz zwischen dem Nirgendwann und Nirgendwo einerseits und seiner gewillkürten, und wenn es sein muß: willkürlichen Einholung in Raum und Zeit, jetzt und hier, weicht einer eigentümlichen Polarität von Noch-nicht und Jetzt-schon. Das Programm der Bergpredigt, wenn denn dieser Text sich auf ein Programm reduzieren ließe, bleibt auf bezeichnende Weise in der Schwebe: Keineswegs wird alles ins Jenseits verlegt (ins Irgendwann, schlimmstenfalls: ins Nirgendwann); genausowenig ist die Rede davon, alles sei an Ort und Stelle zu haben. Sondern ihre »Utopie« wird in einem unverfügbaren Paradox gewissermaßen ver-ewigt *und* ver-zeitlicht zugleich. Sie findet ganz erst *dort* statt – doch diese Entscheidung ist für ihre Hörer längst gefallen und bestimmt das Leben *hier*. Indikativ und Imperativ sind in einer paradoxen Weise ineinander verschränkt; sie lassen einander gewissermaßen nicht mehr los. Die Utopie der Bergpredigt entzieht sich damit aber der Beschlagnahme durch aktivistische, ungeduldige, gewaltsame Revolutionäre. Und sie muß alle Reaktionäre, alle Propheten des Status quo ständig beunruhigen. Dies ist einer der Gründe dafür, daß dieser Text über dem opferreichen Gang der Geschichte (auch der christlichen Geschichte) nicht zerstört wurde – und noch heute, bis in die jüngsten Tage der Friedensbewegung, verstörend wirkt. »Friedenspharisäer« nannte Alois Mertes, der damalige Staatsminister im Auswärtigen Amt, jene Bürger, die sich unter Berufung auf die Bergpredigt gegen die Nato-Nachrüstung wehrten. Wo doch die Bergpredigt gerade über die Pharisäer hinausgesprochen wurde ...

Und wo die Bergpredigt nicht von Christen kritisch zitiert wird, wird sie gegen die sich christlich bezeichnende Gesellschaft angeführt. Zum Beispiel von Karl Marx: »Straft nicht jeder Augenblick eures praktischen Lebens eure Theorie Lügen? Haltet ihr es für Unrecht, die Gerichte in Anspruch zu nehmen, wenn ihr übervorteilt werdet? Aber der Apostel schreibt, daß es Unrecht sei. Haltet ihr euren rechten Backen dar, wenn man euch auf den Linken schlägt, oder macht ihr nicht einen Prozeß wegen Realinjurien anhängig? Aber das Evangelium verbietet es ... Handelt der größte Teil eurer Prozesse und der größte Teil der Zivilgesetze nicht vom Besitz? Aber es ist euch gesagt, daß eure Schätze nicht von dieser Welt sind.« Selbst gegen den Strich gebürstet, also im Widerspruch gelesen, spürt man noch das Pathos des Ur-Textes.

Immer wieder hat die Bergpredigt – nachzulesen im 5. bis 7. Kapitel des Matthäus-Evangeliums – Menschen fasziniert, und zwar nicht obwohl, sondern weil es sich um jenen Teil der Bibel handelt, »der die extremste ethische Struktur besitzt und gleichzeitig eine subversive Sprengkraft enthält, die an die Stelle kritischer Kooperation mit dem Bestehenden eine radikale Absage an die modernen Lebensformen setzt.« (Maria Deppermann) Nicht zufälligerweise wurde gerade Leo Tolstoj von diesem Text angezogen. Auf Tolstojs an die Bergpredigt angelehnte Lehre vom »Nichtwiderstreben gegenüber dem Bösen mit Gewalt« beriefen sich wiederum so verschiedene Männer wie Mahatma Gandhi, George Bernhard Shaw und Romain Rolland. Und selbst Ludwig Wittgenstein trennte sich in der Begegnung mit Tolstojs Ideen als junger Mann von seinem immensen Vermögen, verzichtete auf seine Karriere und unterrichtete zu Anfang der zwanziger Jahre dieses Jahrhunderts als Dorfschullehrer:»Gestern fing ich an, in Tolstojs Erläuterungen zu den Evangelien zu lesen. Ein herrliches Werk«, so hatte er schon 1914 notiert. – Fünf Jahre später wird Max Weber seinen Vortrag »Politik als Beruf« gerade gegen diesen Interpretationsstrang der Bergpredigt halten.

Ob in allen diesen Berufungen und Anleihen wirklich die Bergpredigt selber zum Vorschein kommt, sei dahingestellt; ihre Auslegung ist ohnedies von Anfang an kontrovers und bleibt auch künftig umstritten. Wie ist das Gebot der Feindesliebe zu verstehen:»Liebt eure Feinde und bittet für die, die euch verfolgen ...«? Wie der Verzicht auf Gegenwehr: »daß ihr nicht widerstehen sollt dem Übel«? Wie die Rede gegen die Sorge um den nächsten Tag:»Seht die Vögel unter dem Himmel an ...«? – Dies alles sind Forderungen, die nicht in unseren Alltag passen – die aber gleichwohl ins Repertoire unserer kollektiven poetischen Erinnerung eingesunken sind. Wie das, wenn sie uns nicht beträfen?

In gewisser Weise macht eben dies das Wesen christlicher Urtexte aus: Sie entziehen sich jeder Anwendbarkeit im Sinne restloser Erfüllung und damit der – Erledigung. Sie verweigern sich der Eindeutigkeit in dem Sinne, daß das Gespräch und der Streit über sie je zum Stillstand kommen könnte. Gerade diese unaufgelöste, vielleicht unauflösbare (und: uneinlösbare) Umstrittenheit macht aber weiterhin ihre störende Vitalität aus. Und die des Christentums, wo es nicht jedes Salz verloren hat – auch dies ein Bild aus der Bergpredigt.

Das Paradox der Geschichte der zwei Mal tausend Jahre ist dieses: Die christliche Theologie kann in der Tat gelesen werden als Umsturz aller gesicherter und anerkannter Lebensvorstellungen, zumal aller ersehnten bürgerlichen Sekurität. Niemand hat dies schärfer und einseitiger formuliert als Friedrich Nietzsche:»Der christliche Glaube ist von Anbeginn Opferung; Opferung aller Freiheit, alles Stolzes, aller Selbstgewißheit des Geistes; zugleich Verknechtung und Selbst-Verhöhnung, Selbst-Verstümmelung ... Die modernen Menschen, mit ihrer Abstumpfung gegen alle christliche Nomenklatur, fühlen das Schauerlich-Superlativische nicht mehr nach, das für einen antiken Geschmack in der Paradoxie der Formel ›Gott am Kreuze‹ lag. Es hat bisher noch niemals und nirgendwo eine gleiche Kühnheit im Umkehren, etwas gleich Furchtbares, Fragendes und Fragwürdiges gegeben wie diese Formel: sie verhiess eine Umwerthung aller antiken Werthe.« Wie ist es zu erklären, daß die Menschen, ob sie nun gläubig sind oder nicht, jedenfalls diese

Umwertung aller Werte nicht schlicht und einfach als lächerlich igno-
riert haben? Weil sie im letzten Grunde – vielleicht unbewußt – ihren
eigenen real-existierenden Werten noch weniger trauen. Offenbar liegt
unter der Oberfläche selbst des banalsten und trivialsten Leben noch
ein Minimum an utopischer Spannung – eine Resonanz des richtigen
Lebens im Falschen.

Die Umwertung aller Werte – wie könnte sie sinnlicher ausgedrückt
werden als in der ersten Seligpreisung? »Selig sind, die da geistlich
arm sind; denn ihrer ist das Himmelreich.« Doch schon ergeben sich
Fragen bei der näheren Bestimmung. Den elementaren Kern dessen,
was bei Matthäus zur Bergpredigt reift, erkennen wir auch bei Lukas.
Beide Evangelisten, so der Konsens der heutigen Forschung, benutzten
das Markus-Evangelium als Vorlage, des weiteren eine Sammlung von
Aussprüchen des Jesus von Nazareth, die Logien-Quelle, kurz: die
Quelle Q. Die wiederum läßt sich re-konstruieren aus dem im wesentli-
chen übereinstimmenden Gebrauch, den Matthäus und Lukas von ihr
machen, auch was die Reihenfolge der zitierten Sprüche angeht; wenngleich es wahrscheinlich ist, daß den beiden Autoren die Quelle Q in
etwas unterschiedlichen, »fortgeschriebenen« Varianten vorlag. Ein und
dasselbe Material in der »Vorstufe« wird bei Matthäus in der »Bergpredigt«, bei Lukas zur »Feldrede« verarbeitet. Und schon in der ersten
Seligpreisung findet sich eine bezeichnende Abweichung: »Selig seid
ihr Armen,« so schreibt Lukas. Hingegen Matthäus:«Selig sind, die da
geistlich arm sind«.

Auf den ersten Blick liest sich Lukas sozial konkreter, direkter in der
Ansprache in der zweiten Person Plural: »ihr Armen« , während Matthäus – in der dritten Person Plural – scheinbar objektiv über die geistlich Armen redet. Zudem polemisiert Lukas wenige Zeilen später ausdrücklich gegen die Reichen: »Weh euch Reichen! Denn ihr habt euren
Trost schon gehabt.« Ist Lukas also »politischer«, auch »authentischer«,
Matthäus aber schon ins Spirituelle abgelenkt und entschärft? Wir kommen darauf zurück. Zunächst bleibt es bei dem Ärgernis, daß Armut
rein als solche zum Ausgangspunkt einer Verheißung wird. Muß das
nicht zynisch wirken?

Der schweizer Theologe Karl Barth sprach von den Seligpreisungen als
einem »Paradox, das den geläufigen Schätzungen von Wohlsein und
Glück in einem Winkel von 180 Grad gegenübersteht«, um dann fest-
zustellen: »Es ist klar, daß das, was da als das Dransein dieser Menschen beschrieben wird, an sich gar nicht Charakter des Erfreulichen
und Erwünschten hat. Keine Rede aber auch von einem sonstigen, etwa

verborgenen immanenten Wert dessen, worauf diese Seligpreisungen blicken! Es hat das Neue Testament so wenig wie das Alte das Erfreuliche, das Positive, das Leben als eine heimliche Qualität des Unerfreulichen, des Negativen, des Todes angesehen und gerühmt. Es hat Schwarz nicht Weiß genannt, und also das üble Dransein jener Menschen durchaus nicht als ihr wahres Wohlsein interpretiert.«

Die »Umwerthung aller Werthe« ist also nicht gleichbedeutend mit der Umwertung aller Unwerte. Aber doch mit der Aufwertung des Unwürdigen. Man muß diese Worte ja nicht nur aus der Perspektive des (relativ) Reichen lesen, schon gar nicht aus dieser Lage heraus sprechen – dann wirken sie in der Tat zynisch. Aber welche Hoffnung mögen sie für bitter arme Menschen enthalten?

Der marxistische Philosoph Ernst Bloch hat diesen Perspektivenwechsel eindrucksvoll formuliert: »Es dauert nicht mehr lange, bis die Tafel verkehrt wird und die Letzten die Ersten werden. Armut steht dem Heil am nächsten.« Da trifft sich übrigens der Marxist Bloch mit dem Theologen Karl Barth, der den selben Sachverhalt so ausdrückte: »Sie befinden sich in ihrem Elend an der äußerste Grenze des mit dem Reich Gottes konfrontierten, durch den Menschen Jesus zu erneuernden Kosmos.« Weiter im Text mit Bloch: »Armut steht dem Heil am nächsten, Reichtum hindert es, inwendig und auswendig. Aber Armut ist bei Jesus mitnichten bereits ein Stück des Heils, dergestalt, daß sie nicht vernichtet werden müsse. Nirgends wird Armut, als übliche, erzwungene, erbärmliche, verteidigt, geraten wird nur freiwillige Armut, und der Rat zu ihr ergeht nur an die Üppigen ... Und auch die freiwillige Armut gilt nicht als Selbstzweck, wenigstens soweit der Rat zu ihr ergeht und nicht die Liebe die Armen erwählt; wovon später.«

Zurück zur Frage, ob Matthäus die Seligpreisung entschärft, indem er ihr den spiritualisierenden Zusatz beifügt: »die da *geistlich* arm sind.« Eine Entschärfung wäre höchst unwahrscheinlich im Zusammenhang der radikalen Theologie des Matthäus. Gemeint oder gar gefordert ist also weder eine bejahende Einstellung zur eigenen materiellen Armut. Noch kann gelesen werden: »Du bist zwar reich, das macht aber nichts, solange Du wenigstens weißt, daß Du gerade in Deinem äußeren Reichtum innerlich arm bist.« Es geht weder um ein gutes Gewissen im Elend noch um ein schlechtes Gewissen im Wohlleben. Sondern die Rede ist von einem objektiven Zustand: Armut. Geistlich arm ist also zu verstehen als die Armut derer, die schlechterdings gar nichts haben – noch nicht einmal den vermeintlichen Reichtum der spirituell überwundenen materiellen Armut, noch nicht einmal das bessere Bewußtsein gewollter Askese. Dietrich Bonhoeffer bezeichnet es als »Fehlauslegung«, wenn man hier ein Lob der »Tugend der Armut« vermutet und »dabei einerseits an die *paupertas voluntaria* der Mönche, andererseits an jede freiwillige Armut um Christi willen« denkt. Gewiß ist jene Auslegung jüngeren Datums abwegig, die unter der Armut im Geiste eine »Lebenshaltung versteht, die die Situation der Armut, der Hilflosigkeit von innen heraus bejaht«; sie hat nur insofern ein relatives Recht, als diese Seligpreisungen umgekehrt auch nicht an jenen interessiert ist, die eine Beseitigung der Armut auf ihr politisches Programm, gar das Programm eines gewaltsamen Umsturzes schreiben. Hier gilt wiederum Bonhoeffers Sarkasmus: »Auch der Antichrist preist die Armen selig ...« Deshalb ist die Alternative »Politisierung bei Lukas« oder »Spiritualisierung bei Matthäus« tatsächlich insofern falsch, als beide Male gemeint sind jene, die in jeder Beziehung draußen und drunten sind. Das griechische Wort, das an dieser Stelle steht, trägt die stärkstens mögliche Färbung, nämlich: *bettelarm*. Martin Luthers letzter Satz auf dem Sterbebett lautete – realistisch, nicht positiv moralisierend: »Wir sind Bettler, das ist wahr.« Auch dieser Wahrheit gilt die erste Seligpreisung. Aber nicht, um es dabei zu belassen.

II. Ein ganz frommer Jude
Selig sind, die da Leid tragen; denn sie sollen getröstet werden

Der Sprache der Bergpredigt und ihrer Seligpreisungen eignet eine poetische Stärke, die sich tief in unser allgemeines Gedächtnis eingeprägt hat. Wir ahnen, was die Worte meinen, können uns das Deutsche, das Luther-Deutsch, ohne diese Worte nur als verarmt vorstellen – benutzen sie selber aber kaum oder gar nicht: Sanftmütigkeit, Barmherzigkeit – wann hätten wir diese Worte jemals gebraucht, in einem Brief, in einem Gespräch? Worte, die einen Überschuß an Erwartungen tragen, die wir selber kaum einzufordern, erst recht nicht einzulösen wagen – die wir aber noch längst nicht aufzugeben bereit sind: Worte wie Hoffnungen.

»Selig sind, die da Leid tragen; denn sie sollen getröstet werden.« Wir kennen davon nur noch, als Restbestand, den eher verlegenen nominalen Ausdruck: die Leidtragenden, als Formel in Todesanzeigen und Kondolenzen – wie: die Hinterbliebenen. Oder als schnodderige, kaum jemals wirklich so gemeinte Floskel: »Tut mir leid ...« (Verletzt worden ist dabei ohnedies der andere!)

Was bei Matthäus als ein objektiver psychologischer Sachverhalt (»Die Trauernden« – so die weniger poetische direkte Übersetzung) bezeichnet wird, beschreibt Lukas fast als physiologischen Tatbestand: »... die ihr jetzt weint«.

In der Auslegungsgeschichte wurde aus diesem Trauern gewissermaßen ein Transitivum gemacht und gefragt: Trauern worum? Die frühkirchlichen Ausleger des Matthäus unterstellten, die Leidtragenden trauerten nicht über den Zustand der Welt, sondern konkret über eigene und fremde Schuld. Die in diesem Satz gemeinten Leidtragenden trauern aber nicht über etwas Bestimmtes (und für eine Weile), sondern schlechthin; sie tun nichts anderes, ihnen bleibt nichts anderes. Sie sind – und dies fügt sich ein in die sich steigernde Sequenz der Seligpreisungen in dem matthäischen Poem – im Grunde noch schlimmer dran als die Armen aus der ersten der Seligpreisungen. Die Armen haben schlechterdings *nichts*, sie haben noch nie etwas gehabt. Die schlechterdings Trauernden, die nur noch Leid Tragenden, haben *nichts mehr* – sie haben bereits alles verloren. (Ein wenig von diesem totalen Verlust klingt – *e contrario* – durch in den Wehrufen, die Lukas seinen Seligpreisungen entgegensetzt: »Weh euch, die ihr jetzt lacht! Denn ihr werdet weinen und klagen.«) Solche Menschen gebe es doch nicht, denen im Leben schlechterdings nichts anderes mehr bleibt, als nur noch zu trauern? Da sollte man doch zuvor mit den Mitarbeitern der Telefonseelsorge sprechen ... (Im übrigen: In den Zeiten, in denen die Kirchen sich weigerten, »Selbstmörder« *rite* auf ihren Kirchhöfen zu bestatten, hätten sie sich lieber dieser Sätze bei Matthäus und Lukas erinnern sollen.) Diese allumfassende Trauer, diese totale seelische Sonnenfinsternis formuliert Ulrich Luz in seinem bedeutenden Matthäus-Kommentar folgendermaßen: »Mit ›Trauer‹ ist alle Trauer dieses Äons umschlossen, die im kommenden Äon durch Trost abgelöst sein wird.«

Damit stellen sich aber die entscheidenden Fragen: Wer sollte diese Zeitenwende herbeiführen? Und wer hätte die Vollmacht, bereits in der Gegenwart des alten Äon – und schon gar in der Form eines imperativen Indikativs – auf den kommenden Äon vorzugreifen: Selig *sind* ...?

Es stellt sich also die Frage nach der Autorität des Bergpredigers: Wer war – und wer ist – dieser Jesus von Nazareth? Welche seiner Worte sind authentisch überliefert – welche verdanken wir der Redaktion des Matthäus, der sein Evangelium um 90 n. Chr. abfaßt? In welchen Deutungen sind diese Worte zwischen diesen beiden Zeiten überliefert worden? Was schließlich macht ihre Autorität für unsere heutige Auslegung aus?

Offen zutage liegt die Faszination, die von dieser Gestalt durch die gesamte bisherige Geschichte ausging. Immerhin hat selbst Rudolf Augstein ihr ein Buch gewidmet: »Jesus Menschensohn.« Der jüngste, wenngleich teils komische, teils peinliche Ausläufer eines solchen literarischen Interesses – gar in der Form einer fiktiven Selbstidentifikation – ist Norman Mailers letztes Buch »Das Jesus-Evangelium«, das im Gestus einer Autobiographie Jesu verfaßt ist: »Die Kraft verließ mich, und das Leben wich aus mir und ging in den Geist über. Ich hatte nur Zeit zu seufzen: ›Es ist vollbracht‹. Dann starb ich ...« Wenn man einmal von der ästhetischen und theologischen Geschmacksverirrung Norman Mailers absieht: Das Scheitern solcher Entwürfe hat nicht zuletzt damit zu tun, daß es nicht einmal möglich ist, auch nur eine verläßliche und erzähltüchtige Biographie des Jesus von Nazareth zu schreiben. Unser historisch gesichertes Wissen reicht dafür nicht aus. Die jüngste, im angelsächsischen Sprachraum initiierte wissenschaftliche Forschungsrichtung bezeichnet sich selber mit dem bescheidenen Schlagwort: »*The* ›*third quest*‹ *for the historical Jesus*« – Die dritte Suchaktion nach dem historischen Jesus.

Das derzeit beste Buch zum Thema »Der historische Jesus« ist die Arbeit von Gerd Theißen und Annette Merz (Göttingen 1996), auf die wir uns im Folgenden immer wieder stützen. Es umfaßt mehr als 500 Seiten, demonstriert aber das Fragmentarische des historischen Faktenwissens bewußt dadurch, daß es für den summarischen Schluß-Bericht mit gut drei Seiten auskommt.

Weshalb trotz dieser schütteren Fakten diese oft erschütternde Faszination? Welche Rolle spielt dafür die historische Existenz Jesu? Oder geht die Wirkungsgeschichte allein zurück auf den nach-österlichen Glauben der Jünger, die sich auf Erscheinungen des ihnen Auferstandenen beriefen? In welchem Verhältnis zueinander stehen also der historische und der theologische Jesus, der Mensch und der Menschensohn, Mensch und Messias? Diese Dialektik zwischen dem »gewußten« und dem »geglaubten« Jesus, zwischen der historischen und der theologischen Figur hätte, so scheint es, zum Tod der Theologie werden können, ja: müssen. Es gehört zur Faszination des Phänomens, daß dies immer noch nicht der Fall ist.

Die Herausforderung durch die rein historische Überprüfung der theologischen Überlieferung ist ein notwendiges und legitimes Kind der Aufklärung. Hermann Samuel Reimarus (1694-1768) hat als erster die rein historische Sonde angesetzt: »Ich finde große Ursache, dasjenige, was die Apostel in ihren eigenen Schriften vorbringen, von dem, was Jesus in seinem Leben würklich selbst ausgesprochen und gelehrt hat, gänzlich abzusondern.« Erst in den Jahren 1774-78 veröffentliche Gotthold Ephraim Lessing diese Gedanken als anonymes Fragment. Hinter diesen Paradigmenwechsel kommt keine Theologie mehr zurück: Nicht, daß Ursprung und Überlieferung überhaupt nichts miteinander zu tun hätten – diese Behauptung hält selber der historischen Kritik nicht stand! – aber die Unterscheidung bleibt notwendig.

Der wissenschaftlichen Aufklärung werden die übernatürlichen Geschichten fremd, sie sucht zunächst nach rationalen Erklärungen, (fast) nach dem Muster: Wenn jemand über Wasser gehen kann (oder doch den Eindruck dessen erweckt), dann waren wohl zufällig Steine kurz unter dem Wasserspiegel verborgen ... Albert Schweitzer, der Theologie, Musiker, Mediziner und Philanthrop, markiert 1906 in seinem epochalen Werk »Geschichte der Leben-Jesu-Forschung« die nächste Entscheidung, vor die ein junger Theologie die gesamte Forschung stellte, wie folgt: »entweder rein geschichtlich oder rein übernatürlich«. Es scheint, als ob sich die Wissenschaft in der Tat in dialektischen Rückungen vorwärts bewege: »Auf die supranaturale Erklärung der Ereignisse des Lebens Jesu war die rationale gefolgt und hatte sich vermessen, wie jene alles ins Übernatürliche deutete, so alles als natürliches Geschehen begreiflich zu machen. Beide haben alles gesagt, was sie zu sagen hatten. Aus ihrem Widerstreite wird die neue Lösung, die mythische Deutung geboren.«

Der junge Theologe, der diesen Schritt tut, ist der siebenundzwanzigjährige David Friedrich Strauß, der im Jahr 1835/36 sein »Leben Jesu« vorlegt und damit einen regelrechten Skandal auslöst. Er führt das, was an der frühen Überlieferung unhistorisch ist, auf den Mythos als »absichtslos dichtende Sage« zurück, auf »einen unbewußten Prozeß mythischer Imagination«. Was nicht ausschließt, daß in dieser Überlieferung zugleich historische Erinnerungen enthalten sind – und, aus der hegelianisch geprägten Sicht von Strauß, keineswegs den Kern christlichen Glaubens berührt. Denn in dem historischen Individuum Jesus realisiere sich die Idee der Gottmenschlichkeit, die höchste aller Ideen.

Seit Reimarus und Strauß hat es die Frage nach dem historischen Jesus mit einer doppelten Frontstellung zu tun: Sie muß der rein empirischen Historiographie gerecht werden – und zugleich wissen, daß sie es nicht mit rein empirischen Gegenständen, sondern mit Bewußtseinsinhalten zu tun hat, vor allem auch mit dem historisch zu ermittelnden (Selbst-)Bewußtsein einer historischen Person. Und mit der Frage: Was geht uns dessen Selbstbewußtsein in unserem Bewußtsein von uns selbst an?

Die liberale Leben-Jesu-Forschung der zweiten Hälfte des 19. Jahrhunderts verfiel, trotz des subtilen Fleißes beim Erschließen und Interpretieren der Quellen, dem Dictum Albert Schweitzers, es habe am Ende jeder seinen Jesus in die höchst fragmentarischen Quellen hineingelesen.

Die Theologie des frühen 20. Jahrhunderts räumt nach der Krise des Ersten Weltkriegs (und dem ihm vorausgegangenen Zivilisationsoptimismus) mit der als schwächlich und widerstandsunfähig empfundenen liberalen Theologie auf – aus dem Krisenbewußtsein eines Zivilisationsbruchs; sie verschärft – und zwar als Modus der Weltkritik – den Abstand zwischen Gott und Welt radikal. *Totaliter aliter* – Gott ist ganz anders, unnahbar anders, heißt der Kampfruf des jungen schweizer Theologen Karl Barth. Die dialektische Theologie des frühen Karl Barth, die den Gegensatz, die Dialektik zwischen Gott und Welt sozusagen bis zum Unerträglichen verschärft, konnte die Spuren von Gottes Handeln zunächst nur noch an »Einschlagstrichtern« erkennen. Da war also etwas – aber was? In einer solchen Zuspitzung kann das Interesse an einem historischen Jesus, der an dieser Welt selber, in eigener Person, teilnimmt, schließlich nur radikal schwinden. Es interessiert eigentlich nur noch das nahezu formale »daß« seiner Existenz – *daß* er (drastisch gesagt) gekommen und gegangen ist, *daß* er gestorben und (theologisch formuliert) in das Kerygma, in den Osterglauben seiner Jünger auferstanden ist; und daß darin ein Handeln Gottes an der Welt zu erkennen ist. Und für die existentialistische Theologie gewinnt der Mensch seine »Eigentlichkeit« allein in einer Entscheidung für oder gegen den Ruf, der ihn erreicht; in einer Entscheidung, die sich nicht aus objektiven Gründen, erst recht nicht aus historischen Faktizitäten ableiten läßt. Der historische Mensch Jesus interessiert also nur noch in seinem *Daß*, nicht mehr in seinem *Was*, im Grunde auch nicht mehr in seiner historisch zu rekonstruierenden Lehre.

Schien damit die Erforschung des historischen Jesus wegen erwiesener Irrelevanz an ihr Ende gekommen zu sein, begann dennoch nach dem Zweiten Weltkrieg eine Paradigmenrückkehr, eine zweite Welle der historischen Erschließung, sozusagen *the second quest for the historical Jesus*. Das leitende Argument: Wenn der nach-österlich gepredigte Christus nicht eine bloße Schwärmerei der Jünger gewesen sein soll, dann muß er mit dem historischen Jesus sachlich etwas zu tun haben; in der Predigt muß ein Minimum echter Überlieferung stecken. Doch wie soll man aus den widersprüchlichen und disparaten Quellen diesen Kern freilegen? Der forschungsleitende Vorschlag: Wenn man von der Überlieferung alles abzieht, was religionsgeschichtlich einerseits schon im Judentum präsent war, was andererseits aber erst nach Ostern im Urchristentum zum Vorschein kommt, dann hat man – nach dem doppelten »Differenzkriterium« ermittelt – den authentischen historischen Menschen Jesus vor sich.

Diese Isolierungsstrategie wirkt in sich selber aber eher unhistorisch, weil die reale Geschichte solche von jeder Entwicklung, von jedem Umfeld abgekoppelte Monaden nicht hervorbringt. Die vorerst neueste Forschungsrichtung, the »third quest«, stellt also das »Differenzkriterium« vom Kopf auf die Füße und postuliert umgekehrt: Gerade das, was aus dem Überlieferungsmaterial *sowohl* in das Judentum *als auch* in das Urchristentum paßt, repräsentiere den authentischen Jesus. Aus dem Repräsentanten eines Bruchs (vor allem mit dem Judentum, aber auch mit der Zeit) wird nun ein Repräsentant einer geschichtlichen Wende aus dem Judentum in das Urchristentum. Diese Betrachtungsweise bricht nun erst recht (und nun erst richtig) mit dem historischen Anti-Judaismus der christlichen Theologie. Der historische Jesus erscheint aus dieser Perspektive als ein Mensch, der zum Gründer der christlichen Bewegung nicht etwa wurde, *obwohl* er Jude war, *sondern weil* er ganz frommer Jude sein wollte – und gerade deshalb in den tödlichen Konflikt mit den Hütern des Tempels geriet. Zugespitzt gesagt: Der historische Jesus von Nazareth wollte in seinem endzeitlichen Bewußtsein eher der letzte Jude, als der erste Christ sein.

Dieser für manchen Christen immer noch verstörende Sachverhalt wird auch im weiteren bei der Auslegung der Bergpredigt immer wieder zu beachten sein. Die simplen Konfrontationen (hier die Pharisäer, dort Jesus; hier jüdische Gesetzesreligion, dort christliche Ethik) sind viel zu primitiv, um den komplexen Zusammenhängen und Übergängen gerecht zu werden. Günther B. Ginzel berichtet 1985 in seinem Buch »Die Bergpredigt – jüdisches und christliches Glaubensdokument« folgende Episode: Er hatte in einem Vortrag dargetan, daß das polemische Bild, das im neuen Testament von den Pharisäern gezeichnet werde, ihren wahren Anschauungen nicht entspreche. Danach bat ihn ein Professor um ein Gespräch: »Wenn das, was Sie uns über die Anschauungen der Pharisäer berichtet haben, stimmt, wozu bin ich dann eigentlich Christ?« – Ginzels Hinweis, Jesus sei doch für ihn als Christen der Messias, eben der Christus, führte zu einem Ausbruch. »Lassen Sie mich doch mit Christus in Ruhe! Damit kann ich nichts anfangen. Wenn Jesus nicht eine neue Moral und eine neue Gerechtigkeit gepredigt hat, wenn seine Lehre den pharisäischen Anschauungen ähnelt, dann verliert das Christentum seinen Sinn!« Eben dieses Paradox aber muß die christliche Theologie, zumal nach Auschwitz, endgültig begreifen: daß das Christentum ganz im Judentum wurzelt, sich im 1. Jahrhundert geradezu langsam von ihm löst – um schließlich etwas ganz anderes zu werden. Goethes Gedicht vom Gingo Biloba kommt einem auch hier in den Sinn: »Ist es Ein lebendig Wesen,/Das sich in sich selbst getrennt?/Sind es zwei die sich erlesen/Daß man sie als Eines kennt?«

Albert Schweitzer hat diese Herausforderung, geschichtliche Entwicklung und zeitlose Wahrheit in eines zu denken (und zwar eine geschichtliche Entwicklung, wie hinzuzufügen ist, die hinter das Auftreten des historischen Jesus zurückreicht) wie folgt beschrieben – und zwar im Vorwort zur 6. Auflage seines epochalen Werks (Datumszeile: »Lambarene, den 19. August 1950): »Die Hauptfrage für die jetzige und die kommende Zeit ist, in welcher Weise und mit welchem Ergebnis sich der christliche Glaube mit der historischen Wahrheit über Jesus aus-

einandersetzt. Dem Christentum wird durch das Ergebnis der historischen Forschung über Jesus, das Urchristentum« (wir fügen heute hinzu: über das Judentum) »und die Entstehung der Dogmen das Schwe-
re zugemutet, sich von seiner Entstehung Rechenschaft zu geben und
sich einzugestehen, daß es, so wie es jetzt ist, das Ergebnis einer Entwicklung ist, die es durchgemacht hat. Es wird eine Anforderung an
es gestellt, die noch an keine Religion erging und der wohl keine andere gewachsen wäre. Die Lage, in der sich der Glaube befindet, nötigt ihn, zwischen dem Wesen und der Gestalt der religiösen Wahrheit
zu unterscheiden. Die Vorstellungen, in denen diese in der Aufeinan-
derfolge der Zeiten auftritt, können sich wandeln, ohne daß sie selber
aufhört das zu sein, was sie ihrem Wesen nach ist. Ihr Glanz wird
durch das, was mit ihr geschieht, nicht verdunkelt.« Dieses hermeneutische Paradox, sowohl geschichtlich bedingt als auch wahr zu sein,
gilt natürlich auch für die Auslegung (und die Auslegungsgeschichte)
der Bergpredigt.

Niemand vermag zu sagen, wie der nächste Paradigmenwechsel aussehen könnte, wann die vierte Suchaktion nach dem historischen Jesus
beginnen wird. Treibend für die Forschung wie für die christliche Theologie überhaupt wird bleiben die paradoxe Beziehung zwischen dem
historischen (dem zu erforschenden) und dem theologischen (dem zu
glaubenden) Jesus. Was sich wie ein eher moderner Gegensatz in den
Forschungsstrategien und Forschungsgegenständen ausnimmt, ist in
Wirklichkeit aber nur die Widerspiegelung der schon die Urchristenheit bewegende Grundparadoxie, die sich in dem Dogma von der zwei-
fachen Natur Christi ausdrückt: Wahrer Mensch und wahrer Gott. Wäre
Jesus wirklich immer nur (und ausschließlich) als ein höchst vorbildli-
cher, gar ein idealer Mensch wahrgenommen worden, als der Humanist schlechthin – so wäre es kaum verständlich, daß die Erinnerung an
ihn zwei Jahrtausende hätte bewegen können. Andere Menschen von
gleicher Idealität hätten sich gewiß immer wieder gefunden. So ein-
malig kann ein einzelner Mensch gar nicht sein. Umgekehrt: Wäre in
ihm nur eine Verkörperung einer Idee zu sehen, ein Gott im Schein des
Menschengewandes, der nicht konkret gelebt, gelitten hat und gestorben ist, eine »abstrakte Verkörperung« einer Idee also – dann hätten
wir es allenfalls mit einem spekulativen Konstrukt zu tun, dem ebenfalls keine bleibende Wirkungsgeschichte beschieden sein kann. Also:
Nicht halb Mensch, halb Gott, sondern eben: Wahrer Mensch *und* wahrer Gott. Wie jedes echte Paradox, so kann auch dieses nicht in einem
rationalen Kalkül und Argument aufgehen. Aber offenbar war und ist

gerade dies das Movens, das Bewegende der Wirkungs- wie der Forschungsgeschichte in ihren immer neuen *quests for the historical Jesus*: Das Paradox läßt sich nicht zuende denken – und deshalb kommt das Denken darüber auch nicht zum Ende.

Ernst Bloch brachte als marxistischer Denker und Utopiker die eine Seite dieses Sachverhalts, also das Scheitern des Versuchs, »Jesus in lauter Legende aufzulösen, mit niemandem dahinter«, zum Ausdruck, indem er hinwies auf den »geschichtlich-realen Widerstand, den die Person Christi zeigt« gegenüber allen solchen Auflösungsversuchen: »So lebt christlicher Glaube wie keiner von der geschichtlichen Realität seines Stifters, er ist wesentlich Nachfolge eines Wandels, nicht eines Kultbilds und seiner Gnosis. Diese reale Erinnerung wirkte über die Jahrhunderte hinweg: Nachfolge Christi war auch bei noch so großer Verinnerlichung und Spiritualisierung primär eine historische und daran erst eine metaphysische Erfahrung. Dies konkrete Wesen Christi war seinen Gläubigen wichtig, es gab ihnen, in betäubender Schlichtheit, was kein Kultbild oder Himmelsbild hätte geben können.« Folglich kann auch die Bergpredigt nicht aufgelöst werden in ein fernes Himmelsbild, in eine bloße Kultlegende.

Dazu eine Nachschrift: Der protestantische Schriftsteller Jochen Klepper sah im Dezember 1942, nach einer letzten Verhandlung mit Adolf Eichmann, keine Aussicht mehr, seine jüdische Frau und deren Tochter vor der Deportation durch die Nazis zu schützen. Er, der nun alles verloren sieht, auch seinen ursprünglich arglosen Gehorsam gegenüber dem deutschen Staat – er und die beiden Frauen gehen gemeinsam in den Tod. Hernach fanden Christen es angebracht, vorwurfsvoll zu fragen, ob dieser Freitod nicht eine Sünde war – anstatt sich vorzuwerfen, daß dies wirklich Sünde bleibt: Das Äußerste, und oft nicht einmal dieses, unterlassen zu haben, Juden zu schützen – auch auf daß man sie und sich »als eines kennt«. Immerhin, Kleppers Lieder stehen heute in den Gesangbüchern beider Kirchen. Auch das auf die Adventszeit gehörige »Die Nacht ist vorgedrungen«. Dort heißt es: »Auch wer zur Nacht geweinet, der stimme froh mit ein.« Was ist dies anderes als ein kaum verborgenes Zitat der zweiten Seligpreisung, die jenen gilt, die schlechterdings alles verloren haben und denen nur noch Trauer, Depression und Verzweiflung bleiben – diesmal in der lukanischen Fassung: »Selig seid ihr, die ihr jetzt weint; denn ihr werdet lachen.« Unglaublich! Aber wahr?

III. Als Radikaler im religiösen Dienst
Selig sind die Sanftmütigen; denn sie werden das Erdreich besitzen

Sanftmut – wir kennen dieses Wort wohl nur noch als biblisches Zitat, vielleicht sogar nur noch der Seligpreisungen der Bergpredigt wegen. Was könnte Sanftmut heute für eine Tugend sein? Denn nach und nach verlagert sich der Schwerpunkt der Seligpreisungen von Tatbeständen zu Tugenden, von objektiven, zunächst äußeren, sodann inneren Gegebenheiten auf ein bestimmtes Verhalten, ein ausdrückliches ethisches Programm – von der Armut über die Trauer zur Sanftmut.

Sanftmut liegt in seiner urtextlich offenen Bedeutung nahe bei der Demut, gewiß im Gegensatz zum Zorn, sie deutet auf Gewaltlosigkeit und meint schließlich Freundlichkeit. In anderen Zusammenhängen steht die Sanftmut bei der Geduld, der Weisheit. Aber was hieße dies alles genau? »Passiver Widerstand«, wie Schalom ben Chorin schreibt? Oder hatte im Gegenteil der Reformator, Politiker und als Feldprediger gefallene Huldrich Zwingli recht, wenn er ganz im Gegenteil behauptete, Sanftmut dulde nicht, daß jemandem »Gewalt und Unrecht angetan wird«? Zum Beispiel im Kosovo.

Und ausgerechnet die Sanftmütigen sollen das Erdreich besitzen? Wie dieses? Eine genauere Übersetzung würde freilich an die Stelle von »besitzen« das Wort »empfangen« setzen. Oder schreibt gar wie die katholische ›Einheitsübersetzung‹ schrecklich unpoetisch: »Selig, die keine Gewalt anwenden; denn sie werden das Land erben.« Damit ist aber der Blick vom Besitz zum Erwerb gelenkt – und zwar zu einem keineswegs selbsttätigen Erwerb. Man empfängt und erbt eben aus der Hand anderer. Und immerhin in dem sich daraus ergebenden negativen Sinne könnte diese Seligpreisung gerade dem modernen Menschen einleuchten: Was man sich zu Unrecht, gar mit Gewalt nimmt, das wird man nicht in Frieden und auf Dauer besitzen. Fast wäre man versucht, aus dieser Perspektive einen aktuellen Blick auf den Balkan oder den gesamten Nahen und Mittleren Osten zu werfen ... Wenn einem die jüngere deutsche Geschichte nicht als Anschauungsmaterial ausreicht und den Mund verschließt.

Das bezeichnende Paradox allerdings liegt in der Frage: Wie kann ein solcher Satz einem Mann wie Jesus von Nazareth zugeschrieben werden, der doch in vielen seiner Worte alles andere als sanftmütig auftrat;

da es doch gerade seine spezifische Radikalität ist, die ihn in Konflikt mit den zeitgenössischen Obrigkeiten, schließlich ans Kreuz – aber endlich auch in die ungebrochene historische Erinnerung brachte? Diese Radikalität äußert sich besonders drastisch in der Szene der Tempelreinigung und in seinem für die theologischen Autoritäten seiner Zeit absolut skandalösen Dictum, er werde den Tempel, also das geheiligte Zentrum des Judentums, abreißen und in dreien Tagen aus eigener, selbstherrlicher Autorität wieder aufbauen. Radikalisierung ist aber auch die Tendenz der Bergpredigt. Freilich: In welchem Sinne und in welcher Richtung?

Als ein Paradigma solcher Radikalisierung gelten die sechs Antithesen der Bergpredigt, in denen hergebrachte mosaische Gesetze besonders zugespitzt interpretiert werden. Diese »Thoraverschärfung« treibt die ethischen Anforderungen an die äußersten Grenzen, ja, nach allem menschlichen Ermessen über die Grenzen des Erfüllbaren hinaus. Es kennzeichne, so Ulrich Luz, diese Antithesen oft etwas Hyperbolisches, Unrealistisches und Überspanntes; immer wieder stelle man betroffen fest, daß Jesu Forderungen ihre innerweltlichen Konsequenzen kaum bedenken: »Der Ausleger kann sie entweder als orientalisch-überschwengliche Redeweise nicht ernst nehmen, oder er muß feststellen, daß sie bewußt schockieren und verfremden wollen, dann aber ernst gemeint sind, samt ihrer Überspanntheit und Realitätsblindheit.« Und zwar in allen sechs Antithesen:

Vom Töten: Lapidar heißt es in den zehn Geboten: »Nicht morden« – womit ursprünglich (und das macht die anschließende Verschärfung umso deutlicher) das Töten unter Verstoß gegen gesetzliche Regelungen und Ausnahmen gemeint war. Auf das Zitat folgt die anti-thetische Zuspitzung: »Ich aber sage euch: Wer mit seinem Bruder zürnt, der ist des Gerichts schuldig; wer aber zu seinem Bruder sagt: Du Nichtsnutz!, der ist des Hohen Rats schuldig; wer aber sagt: Du Narr!, der ist des höllischen Feuers schuldig.« Aber ist dies wirklich überspannt zu nennen? Wäre der Judenmord im Dritten Reich möglich gewesen, wenn diese Antithese in aller Schärfe im Bewußtsein geblieben wäre, zumindest bei allen Kirchenleuten und Christenmenschen? Wenn also nicht der kurzzeitige »Reichsbischof« Ludwig Müller 1936 wie folgt aus dieser Antithese »verdeutscht« hätte: »Wer aber aus solcher Gesinnung seinen Volksgenossen böswillig beschimpft und verfolgt, der macht sich erst recht schuldig«? (Der »ReiBi« übrigens übersetzte die Seligpreisung der Sanftmut wie folgt: »Wohl dem, der allzeit gute Kameradschaft hält. Er wird in der Welt zurecht kommen.«) Angesichts dieses Ungeistes der Ausgrenzung auch mit einem Text, der das ultimative Wort gegen jegliche Ausgrenzung darstellt, wird erst ersichtlich, welchen Mut es schon im Jahr darauf kostete, als Dietrich Bonhoeffer drucken ließ: »Nicht erst mein eigener Zorn, sondern schon die Tatsache, daß ein von mir gekränkter, geschändeter, entehrter Bruder da ist, ... stellt sich zwischen mich und Gott. So prüfe sich die Gemeinde der Jünger Jesu, ob sie sich nicht hier und dort an Brüdern schuldig wissen muß, ob sie der Welt zuliebe nicht mithaßte, mitverachtete, mitschmähte und so des Mordes am Bruder schuldig ist.« Ein Jahr vor der Reichspogromnacht veröffentlicht! – Der vermeintliche Extremismus des Gebots wurde in unserer Geschichte durch den realen Extremismus des Verbrechens für immer in den Schatten gestellt.

VOM EHEBRUCH: In ähnlicher Weise wie das Mordverbot wird das archaische Verbot des Ehebruchs radikalisiert: »Ich aber sage euch: Wer eine Frau ansieht, sie zu begehren, der hat schon mit ihr die Ehe gebrochen in seinem Herzen. Wenn dich aber dein rechtes Auge zum Abfall verführt, so reiß es aus und wirf's von dir.« – Die Ethik der Bergpredigt ist nun in der Tat universal orientiert und nicht von der verklemmten Moralität spießbürgerlicher Muffigkeit geprägt, sie konzentriert sich auf den Zustand der Welt, nicht der Liegestatt – mit der Ausnahme dieser und der folgenden Antithese. Daß uns heute vor lauter Abwehr gegen die Spießigkeit fast nichts mehr anderes als Beliebigkeit einfällt, könnte ein eigenes Thema sein.

VON DER EHESCHEIDUNG: Auch hier die typische Zuspitzung: »Ich aber sage euch: Wer sich von seiner Frau scheidet, es sei denn wegen Ehebruchs (eine merkwürdig pragmatische Sanktion des Matthäus!), der macht, daß sie die Ehe bricht; und wer eine Geschiedene heiratet, der bricht die Ehe.«

VOM SCHWÖREN: Höchst aktuell, im Rückblick auf die Vereidigung der ersten rot-grünen Bundesregierung, wenn auch längst nicht mehr brisant, wirkt die jesuanisch zugespitzte Interpretation des Eidverbotes – obwohl ein Politiker, der aufgrund unserer Verfassung bei seiner Vereidigung die religiöse Beteuerung ablehnt, gerade *nicht* dazu angehalten ist, seine heutzutage (noch) abweichende Formenwahl eigens religiös zu begründen – etwa so: »Ich aber sage euch, daß ihr überhaupt nicht schwören sollt ... Euere Rede aber sei: Ja, ja; nein, nein. Was darüber ist, das ist vom Übel.« Ist heute der Verzicht, auch der nicht religiös begründete Verzicht auf die religiöse Beteuerung zu Recht risikolos (und auch nicht als ethisch bedenklich zu qualifizieren), so war zuvor gerade die religiös begründete Eidesverweigerung (oder auch nur der religiöse Eidesvorbehalt) geradezu lebensgefährlich – für das Regime und deshalb für seine Kritiker; soviel zur politischen Relevanz der Bergpredigt. Allerdings war Bonhoeffers Kommentar im Jahr 1937 zugleich lebensnotwendig: »Da aber der Christ auch niemals über seine Zukunft verfügt, ist ein eidliches Gelübde, z.B. ein Treueid für ihn von vorneherein von größten Gefahren bedroht. Denn nicht nur seine eigene Zukunft hat der Christ nicht in der Hand, sondern erst recht nicht die Zukunft dessen, der ihn mit dem Treueid bindet. Es ist also um der Wahrhaftigkeit und der Nachfolge Jesu willen unmöglich, einen solchen Eid zu leisten, ohne ihn unter den Vorbehalt des Willens Gottes zu stellen. Es gibt für den Christen keine absolute irdische Bindung.« In diesem letzten Satz (von wegen immer nur das Bündnis von Thron und Altar!) tritt die ganze Widerständigkeit der Bergpredigt und des Christentums zutage – und zugleich der Hinweis, wie oft sie verfehlt wurde.

VON DER VERGELTUNG: In der vierten Antithese wird die Rechtsformel »Auge um Auge, Zahn um Zahn« gewendet in die Forderung: »Ich aber sage euch, daß ihr nicht widerstreben sollt dem Übel, sondern: wenn dich jemand auf deine rechte Backe schlägt, dem biete die andere auch dar.« Wir werden an späterer Stelle erfahren, wenn in der sechsten Seligpreisung grundsätzlich gegen eine formale Ver-Absolutierung und konkret davon die Rede sein wird, daß wir dazu neigen, beides einseitig zu verstehen, die These wie die Antithese.

VON DER FEINDESLIEBE: Die letzte Antithese zitiert zunächst merkwürdigerweise ein Gebot, das schon im Zitat verschärft, ja verzerrt wird: »Ihr habt gehört, daß gesagt ist: ›Du sollst deinen Nächsten lieben‹ und deinen Feind hassen.« Es gibt freilich nirgendwo in der Thora eine Forderung, den Feind zu hassen. Wie der Autor Matthäus auf diese Entstellung gekommen sein mag? Ein fatales, weil anti-judaistisch zu interpretierendes Stilmittel, um die anschließende Zuschärfung nur um so stärker wirken zu lassen? »Ich aber sage euch: Liebt eure Feinde und bittet für die, die euch verfolgen ...«

Sinn und Tendenz dieser in den sechs Antithesen enthaltenen Thoraverschärfungen wird deutlicher, wenn man sie in Beziehung setzt zu Berichten an anderer Stelle über Lehrdialoge, in denen Jesus umgekehrt Gebote aus der Thora ent-schärft, zum Beispiel das Sabbatgebot (»Der Sabbat ist um des Menschen willen gemacht und nicht der Mensch um des Sabbats willen.« Markus 2,27) oder das Reinheitsgebot (»Es gibt nichts, was von außen in den Menschen hineingeht, das ihn unrein machen könnte; sondern was aus dem Menschen herauskommt, das ist's, was den Menschen unrein macht.« Markus 7,15)

Ein Vergleich zeigt: *Verschärft* werden Gebote, wo es um das Verhältnis zu Mitmenschen geht – also ethische Normen: Das verabsolutierte Tötungsverbot – zugespitzt zur Feindesliebe. *Entschärft* werden hingegen reine Kultgebote, also rituelle Normen.

Die eigentliche Radikalisierung findet aber statt in der Beanspruchung des Mandats zu einer so souveränen Interpretation: »Ich aber sage euch ...« Nicht also: das Gesetz gebietet ein bestimmtes Verhalten. Nicht heißt es: »Gott spricht zu euch...« Sondern charakteristisch ist gerade die auch für uns heutige Leser noch unglaubliche Zuspitzung ethischer Anforderungen (»Darum sollt ihr vollkommen sein, wie euer Vater im Himmel vollkommen ist.«) – und zwar auf der Grundlage der für die damaligen orthodoxen Juden unglaublichen Inanspruchnahme souveräner Autorität. Dies schließlich durch einen Prediger, der in seinem Selbstbewußtsein nicht mit dem Judentum brechen, sondern nichts anderes sein will als eben – ein frommer Jude. Das aber war für die Mehrheit seiner (geistlich und weltlich herrschenden) Zeitgenossen gerade der Skandal!

Was ist dies für eine radikalisierte Ethik, die derartig extreme Forderungen stellt – zugleich aber an das gegenwärtige Leben, in der sich diese Ethik zu bewähren hätte, fast keine Ansprüche mehr stellt? Ja, in einem schier endzeitlichen Abschnitt der Bergpredigt nur noch so wenig von der Gegenwart erwartet, daß es der konkreten Lebenssituation aller »vernünftigen« Lesern noch heute vollkommen zuwiderlaufen muß: »Darum sage ich euch: Sorgt nicht um euer Leben, was ihr essen und trinken werdet; auch nicht um euren Leib, was ihr anziehen werdet. Ist nicht das Leben mehr als die Nahrung und der Leib mehr als die Kleidung? Seht die Vögel unter dem Himmel an: sie säen nicht, sie ernten nicht, sie sammeln nicht in die Scheunen; und euer himmlischer Vater ernährt sie doch. Seid ihr denn nicht viel mehr als sie? Wer ist unter euch, der seines Lebens Länge eine Spanne zusetzen könnte, wie sehr er sich auch darum sorgt? Und warum sorgt ihr euch um die Kleidung? Schaut die Lilien auf dem Feld an, wie sie wachsen: sie arbeiten nicht, auch spinnen sie nicht. Ich sage euch, daß auch Salomo in aller seiner Herrlichkeit nicht gekleidet gewesen ist wie eine von ihnen. Wenn nun Gott das Gras auf dem Feld so kleidet, das doch heute steht und morgen in den Ofen geworfen wird: sollte er das nicht viel mehr für euch tun, ihr Kleingläubigen? Darum sollt ihr nicht sorgen und sagen: Was werden wir essen? Was werden wir trinken? Womit werden wir uns kleiden? Nach dem allen trachten die Heiden. Denn euer himmlischer Vater weiß, daß ihr all dessen bedürft. Trachtet zuerst nach dem Reich Gottes und nach seiner Gerechtigkeit, so wird euch das alles zufallen. Darum sorgt nicht für morgen, denn der morgige Tag wird für das Seine sorgen. Es ist genug, daß jeder Tag seine eigene Plage hat.«

Das Selbstbewußtsein des historischen Jesus war offenbar von einer unmittelbar bevorstehenden Zeitenwende bestimmt. Wir würden heute, vor der nächsten Jahrtausendwende, vor dem nächsten Millennium vielleicht sagen: vom Bewußtsein eines millennaristischen Umbruchs aller Dinge. Ernst Bloch schrieb deshalb: Der Apokalyptiker Jesus »erwartet eine Umwälzung, die ohnehin keinen Stein auf dem anderen läßt, und erwartet sie im nächsten Augenblick, von der Natur, von der Überwaffe einer kosmischen Katastrophe. Die eschatologische Predigt hat vor der moralischen bei Jesus den Primat und bestimmt sie. Nicht nur die Wechsler werden, wie Jesus tat, aus dem Tempel mit der Peitsche hinausgetrieben,« – soviel zur Sanftmütigkeit! – »sondern der ganze Staat und Tempel fällt, gründlich, durch Katastrophe, in kurzem. Das große eschatologische Kapitel (Markus 13) ist eines der bestbezeugten im Neuen Testament; ohne diese Utopie kann die Bergpredigt gar nicht verstanden werden. Wird die alte Veste so bald und so gründlich geschleift, dann erscheinen dem Jesus, der den ›gegenwärtigen Äon‹ ohnehin als beendet ansah und an die unmittelbar bevorstehende Katastrophe glaubte, auch ökonomische Fragen sinnlos; daher ist der Satz von den Lilien auf dem Feld viel weniger naiv, mindestens auf ganz anderer Ebene befremdlich und disparat, als er erscheint.«

Dann aber tut sich ein neues Paradox auf: Sollte es sich bei der Bergpredigt in der Tat – wie Albert Schweitzer schrieb – um eine »Interimsethik« handeln, eine ethische Weisung für die äußerst kurz bemessene Spanne vor dem kosmischen Äonenwechsel, vor der Millenniumswende, dann wäre diese Radikalisierung selber nur der Ausdruck und Anbruch der letzten Krisis; aber keine Ethik für eine allem späteren Erfahrungsschein nach auf Dauer gestellte Welt. Doch damit betreten wir schon das Gebiet der vielfältigen Versuche, die ethischen Imperative der Bergpredigt auf ein »erträgliches« Maß zu entspannen.

Zuvor stoßen wir allerdings auf ein grundsätzliches Problem – vor aller Auslegung. Wem haben wir diese »überspannte« Radikalisierung eigentlich zu verdanken? Ist sie in den authentischen Jesus-Worten so (und vor allem: so umfassend) enthalten? Ist sie erst durch den End-Redaktor Matthäus um das Jahr 90 n. Chr. eingeschärft worden – und damit 40 Jahre nach den ersten Zeugnissen der Theologie des Paulus. Oder ist diese Tendenz durch die Tradenten in den sechzig Jahren seit dem Tode Jesu ganz oder teilweise vorbereitet? Und was würde denn die eine oder andere, die so oder so immer noch (einigermaßen) umstrittene Antwort für unsere heutige Auslegung, für die Autorität des Textes heute bedeuten?

Soviel gilt als sicher: Wesentliche Partikel der Bergpredigt gehen auf Jesus-Worte zurück; welche im Einzelnen, das spielt für das prinzipielle hermeneutische Problem keine so große Rolle. Also: Nicht alles stammt von ihm. Andererseits: Nicht alles ergänzende Material stammt von Matthäus, einem – dem Konsens plausibler Vermutungen zufolge – »Vertreter eines liberalen hellenistischen Diaspora-Judenchristentums« (Udo Schnelle), irgendwo in Syrien. Hans Dieter Betz geht bis zu der Annahme, Matthäus habe den gesamten Text der Bergpredigt als judenchristliche Komposition vorgefunden und als »ein langes Zitat« in sein Evangelium eingefügt; sie gehöre in das frühe Judenchristentum und in die Mitte des 1. Jahrhunderts – als die Judenchristen sich noch als das ›wahre‹ Judentum darstellen wollten. An anderer Stelle schreibt er – da nichts am Text der Bergpredigt spezifische Einflüsse einer matthäischen Redaktion zeige: »Theologische Sprache und Denkweise der Bergpredigt sind jüdisch, nicht christlich. Wissenschaftler, prominente jüdische Wissenschaftler eingeschlossen, haben schon lange anerkannt, daß die theologischen Ausdrucksweisen und Ideen in der Bergpredigt ausnahmslos auf die Begriffe des Judaismus des 1. Jahrhunderts zurückgeführt werden können.« Und folglich: »*Jesus turns out to be a Christian in Jewish disguise*« – Jesus entpuppt sich als ein Christ in jüdischem Gewande.

Daß wir es im Ganzen mit einem Übergangsphänomen zu tun haben, steht außer Zweifel, selbst wenn man der zugespitzten These von Betz so nicht folgt: vom Judentum zum Christentum, vom historischen Jesus zum verkündeten Jesus, von den ersten Tradenten zu den Evangelisten. Was trägt dies alles für unser heutiges Verständnis aus?

Angenommen, man schriebe der These von Albert Schweitzer einige Plausibilät zu: Demnach war Jesus von Nazareth in seinem Bewußtsein durch die unmittelbare Naherwartung einer kosmischen Zeitenwende bestimmt, also allenfalls in all seiner krisenbewußten, ja: krisenverschärfenden Radikalität an einer »Interimsethik« für eine kurz bemessene Zeitspanne interessiert – bestimmt nicht an einer Ethik für das postindustrielle Zeitalter. Aber was besagt dies für die Interpretation der Tatsache, daß die Tradenten nach Jesu Tod bis zu Matthäus 60 Jahre später an dieser Radikalität festhalten, sie eher noch zuspitzen – obwohl sie doch weit jenseits der antizipierten kosmischen Wende leben; und überdies auch die Hoffnung auf eine unmittelbare Wiederkehr des erhöhten Herrschers aufschieben, wenn nicht aufgeben mußten? Das Evangelium des Matthäus gilt einer judenchristlichen Gemeinde, die nach der Zerstörung des Jerusalemer Tempels lebt – ohne daß er in dreien Tagen wieder aufgebaut wurde (bis heute nicht!); einer Gemeinde, der er das nachlassende Bewußtsein schon wieder (betont) einschärfen muß.

Die Antwort ist so einfach wie schwierig: Die heutige Auslegung kann die historische Quellenlage keinesfalls ignorieren, sondern hat sie so genau wie möglich zu ermitteln. Aber die Quellen können uns nicht die verantwortliche Übersetzung in unsere Lebenslage abnehmen – sowenig, wie sich unsere vermeintliche Lebenslage über den Text, seine Quellen, seine Bedingtheiten hinwegsetzen kann. Wie Albert Schweitzer es aufgetragen hat: Das Christentum muß sich von seiner Entstehung Rechenschaft geben und sich eingestehen, daß es das Ergebnis einer Entwicklung ist – und also zwischen Wesen und Gestalt seiner Wahrheit unterscheiden. Wir nennen dies heute den »hermeneutischen Zirkel« – angesetzt an einem zeitensprengenden Thema.

Wie gewagt auch die erwähnten Thesen von Betz sein mögen, er hat für all dieses ein schönes Bild gefunden, das seine Schönheit behält, auch wenn man es aus dem spezifisch Betz'schen Rahmen löst: Man könne die Bergpredigt »mit einem Juwel vergleichen, das eine wechselvolle Geschichte hinter sich hat und erst verhältnismäßig spät in einen passenden, aber doch ganz andersartigen Rahmen eingefaßt wurde ... Wie bei Edelsteinen so oft, so liegt auch der Ursprung dieses Juwels in geheimnisvollem Dunkel. Es ist deutlich, daß viele Hände an ihm gearbeitet und geschliffen haben. Je nach Beleuchtung schimmert er mal in dieser, mal in jener Farbe. All dies gibt ihm seinen besonderen Glanz und seine irritierende Lebendigkeit ...« Es ist an uns, dieses Juwel zu fassen.

IV. Viel mehr als recht und billig
*Selig sind, die da hungert und dürstet nach der
Gerechtigkeit; denn sie sollen satt werden*

Nach der zweiten deutschen Einigung hatte die ostdeutsche Bürger-
rechtlerin Bärbel Bohley enttäuscht festgestellt: »Wir hofften auf
Gerechtigkeit – und haben den Rechtsstaat bekommen.« Man mag
(und muß) im ersten Zorn sagen: Ein entweder törichter oder böser
Satz! Wie denn anders als in der Form eines Rechtsstaates (mit all
seinen – und sei's drum: unvollkommenen – Prozeduren) soll denn
Gerechtigkeit je hergestellt werden? Indessen: Hat Bärbel Bohley
nicht, mitten im krassen Fehlurteil, zugleich auch recht – insofern
nur ihre Enttäuschung schlechterdings aller staatlich vermittelten
Gerechtigkeit gilt? Gerade in der sozusagen unpolitischen Naivität
(und in politischen Dingen ist Naivität ärgerlich!) – in der Naivität
dieses ärgerlichen Satzes ist doch etwas von einem Hunger und Durst
nach einer Gerechtigkeit zu spüren, die mehr ist als das, was ein
Rechtsstaat je gewähren kann; nach einer Gerechtigkeit, die nicht nur
die Möglichkeiten, sondern auch die Grenzen staatlicher – und
menschlicher – Gerechtigkeit erkennen lehrt.

»Selig sind, die da hungert und dürstet nach der Gerechtigkeit; denn
sie sollen satt werden.« – Hatten die ersten drei Seligpreisungen uns
auf deutliche Paradoxa gestoßen, so scheint nun die vierte auf den
ersten Blick fast banal zu klingen. Daß jemand auf Gerechtigkeit dringt:
wer täte dieses nicht, jedenfalls, wenn man ihn ausdrücklich danach
fragte? Zumindest auf Gerechtigkeit für sich selber. Aber dann auch,
wie immer sein konkretes Verhalten ausfallen mag: Gerechtigkeit für
andere, für alle! Was denn sonst?

Indessen: Hungern und Dürsten nach Gerechtigkeit melden ein unge-
stilltes Pathos an, Leiden und Leidenschaft – und also auch ein Leiden
am Mangel: Mangel an Gerechtigkeit. »Wir hofften auf Gerechtigkeit
– und haben den Rechtsstaat bekommen« – der Satz ist unter Bedingungen gefallen, um die uns der größte Teil der Menschheit beneidet.
Das macht ihn skandalös. Aber er zeigt zugleich: Die Unerfülltheit
der Erwartung nach allumfassender Gerechtigkeit ist eine der Grund-
konstanten der Menschheitsgeschichte, selbst in modernen Sozialstaa-
ten. Weil sie mit einem Grunddefizit menschlicher Möglichkeiten zu-
sammenhängt.

So simpel trägt diese Seligpreisung ihre Wahrheit also nicht auf der Zunge. Denn der hier zunächst nur allgemein verwendete Begriff der Gerechtigkeit deckt mehr an Rätseln zu, als er offenlegt. An der genaueren Klärung des Begriffes und des Konzepts von Gerechtigkeit (wessen Gerechtigkeit – und durch wen?) aber brachen Kontroversen auf, die bis heute den Kontrast zwischen den christlichen Konfessionen bestimmen. Um nur das wichtigste Beispiel zu nennen: Seit zwei Jahren schwelt (um nicht zu sagen: tobt) ein neu-alter Disput um die sogenannte »Rechtfertigungslehre« zwischen den reformatorischen Kirchen und dem Vatikan; er ließ den angestrebten Lehrkonsens zwischen der katholischen Kirche und den Lutheranern in weite Ferne rücken, obgleich er doch vielen schon zum Greifen nahe erschien. Dieser Streit ist nicht zu verstehen ohne die tiefen Differenzen im Begriff der Gerechtigkeit, also in der Frage: Kann – und wie kann der Mensch vor Gott gerecht werden, sofern es dabei auf seine eigene Fähigkeit zum gerechten und richtigen Leben ankommt – auf eine Fähigkeit letztlich zur Selbst-Rechtfertigung.

Man sieht sofort den Bezug zur Bergpredigt und ihrer auf den ersten Blick perfektionistischen Ethik: »Darum sollt ihr vollkommen sein ...«

Man kann sich zugleich vorstellen: Wenn es im zentralen Begriff von Gerechtigkeit und Rechtfertigung zu konfessionellen Differenzen kommt – dann kommt es auch in der Tat zu unterschiedlichen Interpretationen der Bergpredigt.

Gerechtigkeit – im Grunde ein, ja der: Urbegriff menschlicher und sozialer Existenz: und letztlich ein Rätsel! Oder allenfalls: dessen sehr unvollständige Lösung.

Diese Feststellung darf nicht verstanden werden, als eine Abwertung all jener epochalen Versuche, Recht und Gerechtigkeit mit dem Reißzeug exakter Begriffe aufs Papier zu bringen. Es ist geradezu ein Ausweis der Größe dieser Anstrengungen, daß sie ihr – an den eigenen Ansprüchen gemessen: – relatives Ungenügen zugleich mit reflektieren; und ihm Abhilfe zu schaffen versuchen.

Das gilt schon für den ersten hier zu erinnernden Entwurf des Aristoteles. Aristoteles ist für uns schon deshalb von besonderer Bedeutung, weil er zum einen das abendländische Rechtsdenken vorgeformt hat – weil er zum anderen aber als Repräsentant des griechischen Rechtsdenkens für das semantische Geflecht des griechischen Begriffs der Gerechtigkeit (des Begriffs der δικαιοσύνη, der *dikaiosyne*) steht – und es mitbestimmt hat: Dieses semantische Geflecht freilich ist anders beschaffen als jenes, das den hebräischen Begriff von Gerechtigkeit umgibt und bestimmt. Hinter den unterschiedlichen semantischen Geflechten stehen aber zugleich unterschiedliche Verständnisse und Konzepte von Gerechtigkeit. Die mit dem hebräischen Graphem *sdq* bezeichnete Handlung *sedaqah* , also: eine dem Zustand der Gerechtigkeit (*sedeq*) entsprechende Handlung, ja, der gesamte Begriff dieser so beschriebenen Gerechtigkeit ließ sich nicht ohne Sinnverschiebung in das griechische δικαιοσύνη »übersetzen« – zum Beispiel für das hellenistische Judentum in die griechische Version der hebräischen Bibel, in die Septuaginta, um 300 – 130 v. Chr.

Anders als bei Personen, die sich vom Fährmann übersetzen lassen, verändert sich bei Wörtern und Vorstellungen im Vollzug der Übersetzung deren Identität. Ursprüngliche Bedeutungsgehalte gehen verloren, neue, dem Ursprung fremde Sinnelemente treten hinzu. Dieser Umschichtungs-Prozeß vollzog sich ein weiteres Mal bei der Export-Import-Transaktion des griechischen Konzepts von δικαιοσύνη in die lateinische Vorstellung von *iustitia.* Mit einem Satz: Dreimal das Wort *für* Gerechtigkeit – dreimal eine andere Vorstellung *von* Gerechtigkeit.

Ob nun Aristoteles oder Immanuel Kant oder – in unseren Tagen – John Rawls mit seinem 1971 vorgelegten monumentalen Essay einer »Theorie der Gerechtigkeit«: Mal um Mal handelt es sich um Versuche, die Gerechtigkeit rational zu konstruieren – oder eher: um eine rationale De-Konstruktion und Entzifferung des Gerechtigkeitsproblems. Alle haben sie ihre epochalen Verdienste. Und doch verfehlen sie fast unvermeidlicherweise und notwendigerweise das, was mit Gerechtigkeit im Kontext der alttestamentlichen Theologie gemeint ist. Dieses ursprüngliche Verständnis aber hat gewiß das Denken des Jesus von Nazareth – und der Urchristenheit – geprägt.

Aristoteles verdanken wir die Unterscheidung zwischen der *distributiven* und der *kommutativen* Gerechtigkeit. Bei der distributiven Gerechtigkeit geht es um die »Zuerteilung von Ehre oder Geld oder anderen Gütern« (wir könnten heute sagen: auch von staatlichen Sozialleistungen), die unter die Staatsangehörigen zur Verteilung gelangen können. Im Bereich der kommutativen Gerechtigkeit hingegen sorgt der staatliche Richter dafür, daß der »Verkehr der einzelnen untereinander« gerecht geregelt wird – sei es im »freiwilligen Verkehr« (wir würden heute sagen: im Zivilrecht), sei es im »unfreiwilligen Verkehr«, also im Strafrecht; im einen wie im anderen Falle sorgt der Richter dafür, daß die einseitigen Vorteile, die jemand gezogen hat, oder die Schäden, die er zugefügt hat, gewissermaßen zu seinen Lasten und zugunsten des anderen eingezogen und ausgeglichen werden. – Aristoteles selber ist sich des Ungenügens solcher Gerechtigkeitskonstrukte durchaus bewußt, weshalb er den Begriff der *Billigkeit* einführt, als eine Korrektur des gesetzlichen Rechts. Wobei sich allerdings eine Paradoxie einstellt, denn rein logisch betrachtet, erscheint es »als ungereimt, daß das Billige Lob verdienen und doch vom Recht verschieden sein soll. Denn entweder ist das Recht nicht trefflich und gut, oder das Billige, wenn vom Recht verschieden, nicht gerecht, oder wenn beide trefflich und gut sind, sind sie einerlei.« In dieser Formulierung deuten sich schon immanente Probleme des klassischen Diskurses über die Gerechtigkeit an – und ein aufzuklärender Kontrast zu der vierten der Seligpreisungen: »Selig sind, die da hungert und dürstet nach der Gerechtigkeit; denn sie sollen satt werden.«

Ein Zeitsprung über mehr als zwei Jahrtausende – und zurück in ein ähnliches Problem: Immanuel Kant definiert in der ›Metaphysik der Sitten‹ den Zustand des Rechtes wie folgt: »Das Recht ist also der Inbegriff der Bedingungen, unter denen die Willkür des einen mit der Willkür des anderen nach einem allgemeinen Gesetze der Freiheit zusammen vereinigt werden kann.« Das Ciceronische *reddens unicuique quod suum est*, daß also einem jeden das seine zukomme, ist hier zu einer jedermann zustehenden Betätigung seiner Freiheit umgeformt, und zwar unter der Bedingung, daß die sich daraus ergebenden Konfliktsmöglichkeiten nach einer allgemeingültigen Regel ausgeglichen werden; und zwar nach einer Regel wiederum der Freiheit. Wenn allerdings jemand durch den Gebrauch seiner Freiheit ein Hindernis für die Freiheit anderer setzt, so kann und muß dem mit Zwang entgegengetreten werden – der Zwang gedacht als »Verhinderung eines Hindernisses der Freiheit«, weshalb Kant folgert: »Das strikte Recht kann auch als die Möglichkeit eines mit jedermanns Freiheit nach allgemeinen Gesetzen zusammenstimmenden durchgängigen wechselseitigen Zwanges vorgestellt werden.« Es kann kaum diese gedankliche Konstruktion sein, auf die sich der emphatische Satz bezieht: »Selig sind, die da hungert und dürstet nach der Gerechtigkeit; denn sie sollen satt werden«!

Bei unserem Zeitgenossen John Rawls wird die solchermaßen in einer generell-abstrakten Regel dargestellte Gerechtigkeit gewissermaßen in einen Prozeß aufgelöst, der – ähnlich den gesellschaftsvertraglichen Übergängen vom Naturzustand – in Normen der Verfahrensgerechtigkeit zum Ausdruck kommt, wie etwa: Gleiche Rechte und Pflichten für alle. Sodann: Ungleichheiten werden nur hingenommen zum Wohle aller, dabei besonders der Schwächeren. Sein erster Grundsatz lautet in diesem Sinne deshalb:»Jedermann hat gleiches Recht auf das umfangreichste Gesamtsystem von gleichen Grundfreiheiten, das für alle möglich ist.« Dem fügt Rawls sodann eine »Vorrangregel« hinzu:»Die Gerechtigkeitssätze stehen in lexikalischer Ordnung; daher kann die Freiheit nur um der Freiheit willen beschränkt werden, und zwar in zwei Fällen: (a) eine weniger umfangreiche Freiheit muß das Gesamtsystem der Freiheit stärken, an dem alle teilhaben; (b) ungleiche Freiheit muß für die Bürger mit weniger Freiheit annehmbar sein.« Auch diese analytischen Konstruktionen haben für unser Verständnis des Gerechtigkeitsproblems enorme Bedeutung – aber lehren sie uns verstehen, oder gar: schmecken, was Gerechtigkeit sein könnte?

Es bleibt also ein himmelweiter Unterschied zwischen dem ungeheuren und simplen Pathos des uns doch völlig eingängigen Satzes:»Selig sind, die da hungert und dürstet nach der Gerechtigkeit; denn sie sollen satt werden« und den ebenso notwendigen wie notdürftigen, zuweilen aber äußerst schwer zu verstehenden Konstruktionsprinzipien staatlicher Gerechtigkeit.

Ob nun Aristoteles, Kant, Rawls – oder viele andere: All diese Ableitungen sind mithin notwendige, aber nicht hinreichende Verständigungen über jene Gerechtigkeit, von der in der Bergpredigt (und ihr vorausgehend: in der Theologie auch des Alten Testaments) die Rede ist. Es handelt sich bei ihnen, fast im Kant'schen Sinne, um analytische, nicht um synthetische Aussagen über Gerechtigkeit – sie führen uns ins Gerechtigkeitsproblem hinein, nicht aus ihm heraus. Wer sich Texte wie die Bergpredigt erschließen will, muß zunächst unsere rationalen, ja: rationalistischen Konstruktionen für eine Weile verlassen und sich auf das unserem Zusammenhang ursprüngliche, auf das hebräische semantische Umfeld des Begriffs»Gerechtigkeit« einlassen – und auf seinen Gegensatz zu unserem sozusagen klassischen (und zugleich modernen) Verständnis.

Wenn wir von Gerechtigkeit sprechen, meinen wir ein begrifflich geklärtes, abstrakt genormtes, im übrigen vollends säkulares System. Ein unpersönliches Regelwerk und Entscheidungswesen zudem: Entschieden wird unparteilich – ohne Ansehen der Person. Die »Unpersönlichkeit« der Justiz gilt geradezu als ihre eigentliche Kardinaltugend; irgendeine persönliche Anteilnahme hingegen als verpönte

Befangenheit. Im übrigen ist dieses Verständnis von Gerechtigkeit rein partikulär: Es interessiert sich nur für einen bestimmten Ausschnitt der Wirklichkeit. Nur über das bestimmte Verhalten einer Person in Bezug auf eine bestimmte verletzte Regel wird verhandelt, nicht über die Person als Ganzes; über die Tat eines Menschen, nicht über den Menschen als solchen. Diese Abstraktion der Gerechtigkeit ist eine ausdrücklich anzuerkennende Zivilisationsleistung, weil nur in dieser Begrenzung Menschen überhaupt »vernünftig«, also human miteinander umgehen können – im Betrieb gesellschaftlicher und politischer Macht und staatlicher Autorität. Aber gerade in alledem bleibt unser Gerechtigkeitsverständnis hinter dem theologisch an dieser Stelle gemeinten zurück, widerspricht es ihm geradezu.

Wenn in der hebräischen Bibel, die den geistigen Hintergrund auch unseres Textes anlegt, von Gerechtigkeit die Rede ist, so ist damit zuerst die Gerechtigkeit Gottes gemeint – und zwar in bezug auf den Menschen. Und erst dann stellt sich die Frage nach der Entsprechung des Geschöpfes: Wann ist ein Mensch gerecht (und gerechtfertigt) in bezug auf Gottes Gerechtigkeit? Zwischen Gott und dem Menschen (also seinem Volk Israel) besteht ein Bund. Die hebräische *sedaqa* meint einen Zustand, in dem sich die Verhältnisse in der gottgewollten Ordnung befinden – und dieser Zustand ist erreicht, wenn Gott und Mensch untereinander ihrer »Bündnisverpflichtung« gerecht werden. Dieser dann richtigen, dieser angemessenen Ordnung der Dinge widerspricht zum Beispiel die Tatsache, daß es Armut und Not gibt – oder genauer in Personen ausgedrückt: daß es Arme und Notleidende gibt. Denn all diese Verhältnisse (und ihre Verletzungen) werden nicht etwa abstrakt begriffen, sondern recht konkret als vitale Beziehung (oder Beziehungsstörung) zwischen zweien verstanden: im Vertrauens- und Treueverhältnis zwischen Gott und Mensch, Gott und Israel – schließlich: zwischen Mensch und Mitmensch, Mensch und Kreatur. Und weil die beiden Partner des Bundes von einander so himmelweit verschieden sind, wie es nur gedacht werden kann, schwingen in dem Begriff der Gerechtigkeit heilsgeschichtliche Obertöne (Alister McGrath) derart stark mit, daß der klassisch verstandene griechische Begriff der δικαιοσύνη sie gar nicht zu fassen vermag, und der Übersetzer deshalb zur vollständigen Übertragung aller Bedeutungen des einen Wortes und Begriffs der *sedaqa* zusätzlich auf den Begriff der ελεημοσύνη zurückgreifen muß, also auf das Wortfeld »Sympathie, Mildtätigkeit, Mitleid«, mithin auf das lutherdeutsche Wort »Barmherzigkeit«.

Schließlich: Ist unser »rationales« Gerechtigkeitsverständnis partikulär auf ausgewählte Aspekte bestimmter rechtlicher Regeln und menschlicher Handlungen orientiert, so wird Gottes Gerechtigkeit in Zuspruch wie Anspruch (modern gesprochen:) ganzheitlich verstanden als jenes »tätige Rechtseinwollen, das Natur und Gemeinschaft auf Segen und ungefährdeten Frieden hin ordnet, heilt und belebt.« (Friedrich Horst)

Bezieht man neben dem reinen Begriff der Gerechtigkeit auch jene Verbform in die Betrachtung ein, mit der die Betätigung dieser Gerechtigkeit ausgedrückt wird, also – ungefähr – »richten, gerecht machen, rechtfertigen«, so werden die Unterschiede erst gänzlich deutlich. Das hebräische Wort »rechtfertigen« kann unsere geläufige Bedeutung des Wortes »richten« (und die des klassischen Griechisch) im Sinne von »verurteilen, verdammen, bestrafen« gar nicht mit sich führen, sondern meint vielmehr »freisprechen, gerecht machen, als im Recht befindlich erklären«. Von einer strafenden Gerechtigkeit Gottes ist nirgendwo die Rede – wo der Gott Israels indessen nicht gerecht handelt, herrscht sein Zorn; wiederum also eine sehr personale Dimension.

»Selig sind, die da hungert und dürstet nach der Gerechtigkeit; denn sie sollen satt werden.« – Aus der nun freigelegten, ursprünglichen Perspektive betrachtet nimmt nun die vierte der Seligpreisungen einen anderen Klang und Sinn an – ja, sie füllt sich mit einer gewissen Sinnlichkeit auf, weil die Gerechtigkeit hier eigentlich die Fülle eines sinnvoll geordneten, eines erfüllten Lebens bedeutet; nicht nur eine nach abstrakten Regeln unpersönlich ausgeübte Gerechtigkeit. Der Satz gewinnt zudem eine – aus rein säkularer Sicht: – utopische Spannung, weil nicht nur von einer Gerechtigkeit die Rede ist, die Menschen untereinander aufrichten – nach dem Maß allein ihrer Möglichkeiten. Damit wird die säkulare, partikulare Pragmatik unserer menschlichen Gerechtigkeit keineswegs für unwichtig erklärt, im Gegenteil. Sie wird aber unter einen endzeitlichen Vorbehalt gestellt, der zum einen ihre Grenzen sichtbar werden läßt – der sie zum anderen aber immer wieder über ihre Grenzen hinaus herausfordert: Sie hatten endlich, endlich den Rechtsstaat errungen – aber sie hungern und dürsten letztlich nach einer weit umfassenderen Gerechtigkeit.

Theologisch stellt sich damit aber ein doppeltes Problem: Wie verhält sich nun die Gerechtigkeit der Menschen zur Gerechtigkeit Gottes? Wie verhält sich überhaupt der Mensch zu Gott – kann er aus eigenem Vermögen und aus eigenem Verdienst gerecht (und also gerechtfertigt) werden. Und da nun einmal Gerechtigkeit in diesem Zusammenhang ganzheitlich, sinnhaft und sinnenhaft zu verstehen ist: Kann der Mensch aus eigener Kraft seinem Leben Sinn geben? Wie ist die vierte Seligpreisung zu verstehen? Als Aufforderung zur selbstrechtfertigenden Gerechtigkeit? Oder, ganz im Gegenteil, zur Einsicht, daß dem Menschen nur das Hungern und Dürsten nach einem rechtfertigenden Sinn bleibt – und daß gerade in dieser Einsicht der Weisheit Anfang liegt; und das Versprechen: »... sie sollen satt werden«?

An dieser Stelle setzt der Zwiespalt (und die Vielfalt) der Konfessionen ein, wird auch der Zwiespalt der Theologien schon in der Ur-Christenheit deutlich: Der Apostel Paulus vertritt offenkundig ein gänzlich anderes Verständnis von Gerechtigkeit und Rechtfertigung im Angesicht der *Iustitia Dei* als Matthäus, der Evangelist der Bergpredigt. Darin äußern sich nicht nur Persönlichkeits-Unterschiede zwischen dem theologischen Denken der beiden Autoren. Es machen sich auch Unterschiede des theologischen und sozialen Umfeldes bemerkbar. Paulus ist ein Vertreter der Heiden-Mission; er spricht zu Menschen, die *nicht* im kulturellen und religiösen Umfeld der mosaischen Thora aufgewachsen sind; die nicht erzogen sind zur strengen Gebotserfüllung als Ausdruck der menschlichen Bundestreue und -Kooperation. (Freilich, Paulus spricht auch als der vormalige Saulus, der aus perfektionistischer Gesetzestreue die ersten Christen aktiv verfolgte; also als ein fundamental Bekehrter – und Befreiter.) Die Gemeinde des Matthäus hingegen ist aus dem Judentum hervorgegangen, kennt die Gebotserfüllung als Voraussetzung der Bundestreue, erinnert sich daher der ethischen und kultischen Perfektion als heils-effektive Möglichkeit menschlichen Verhaltens.

[Ein kleiner Exkurs: Das Judentum selber verstand die Gebote, die Gesetze Gottes freilich als Gnadengabe, als ein Geschenk Gottes zum richtigen Leben. Inwieweit die anti-pharisäische Polemik später noch verschärft wurde durch unser ›modernes‹ Mißverständnis des Gesetzes als lästige ›Normitis‹ – das wäre eine Frage für sich In der Bergpredigt wird ›nur‹ gefordert eine »bessere Gerechtigkeit« als die der – durchaus als sehr fromm anerkannten – Pharisäer.]

Um den Faden wieder aufzunehmen: Mit der notwendigerweise gewagten Vereinfachung kann man sagen: Bis heute sind die Unterschiede zwischen einem eher paulinisch-protestantischen und einem eher matthäisch-katholischen Christentum durchaus zu erkennen. Zum Beispiel in der Frage: Wem gilt die Bergpredigt? Und vor allem: Läßt sich die in ihr postulierte Ethik denn überhaupt verwirklichen? Das als besonders »welttüchtig« erachtete protestantische Denken bezweifelt dies viel stärker, als die katholische Auslegungstradition, in der sowohl die Verbindlichkeit als auch die Erfüllbarkeit der Bergpredigt und ihrer ethischen Anforderungen stärker betont wird.

Wenn hier noch Brücken zu schlagen sind zwischen den christlichen Konfessionen, dann paradoxerweise auch durch eine Rückfrage bei der jüdischen Mutterreligion und auf dem Weg über das jüdische Verständnis der ganzheitlichen *sedaqah*. Und wie existentiell, wie lebensrettend und lebenserfüllend diese *sedaqah* ursprünglich verstanden wurde, zeigte sich noch im Jahr 1941. Die der Emigration der Juden aus dem Nazi-Deutschland dienende »Reichsvereinigung der Juden in Deutschland, Abt. Wanderung« wählte ihr Telegramm-Kodewort. Es lautete: »Zedakah«.

V. Als Weltkind in der Mitten
Selig sind die Barmherzigen; denn sie werden Barmherzigkeit erlangen

Wir kennen dieses Wort eigentlich nur noch als sein Gegenteil. *Unbarmherzigkeit* – da wissen wir, wovon die Rede ist. Manchmal mit einem negativen Unterton, manchmal nicht. Umbarmherzig ist die Todesstrafe – darin sind sich ihre Gegner wie ihre Befürworter sogar noch einig. Daß sie auch eine *erbärmliche* Form der Justiz sei – das sagen nur ihre Gegner. Ist Unbarmherzigkeit auch Unrecht? Und Barmherzigkeit folglich Recht? Daran zweifeln wir alle – zu Unrecht, wie uns die fünfte der Seligpreisungen aus der Bergpredigt lehrt.

»Selig sind die Barmherzigen; denn sie werden Barmherzigkeit erlangen.« – Auf den ersten Blick erscheint es, als schlage die fünfte der Seligpreisungen gegenüber der vorigen ein völlig neues, ein entgegengesetztes Thema an. Barmherzigkeit – das klingt in der Tat wie ein Gegensatz zur Gerechtigkeit, in der ein Element notwendiger Hartherzigkeit mitschwingt.

Wer gerecht ist, etwa als Strafrichter, kann nicht zugleich barmherzig sein. Gnade statt Recht – das ist in unserer Welt und ihrer Justiz ein unmöglich Ding. Wir kennen zwar die Redewendung, in dem einen oder anderen Falle solle Gnade *vor* Recht ergehen. Damit meinen wir aber gewiß keinen zeitlichen Vortritt, auch keinen sachlichen Vorrang – sondern eher eine mildernde Ergänzung; etwa im Sinne der aristotelischen Billigkeit. Deshalb sagen wir im allerjüngsten Sprachgebrauch: Gnade *nach dem* Recht. Im modernen Gnadenrecht, wie es durch die Verfassung und das Bundesverfassungsgericht interpretiert wird, hat sich das Gnadenverständnis zusätzlich verschoben: Von der Ausübung souveräner, sozusagen selbstherrlicher Gnade durch das Staatsoberhaupt hin zu einem verfahrensrechtlich geordneten Anspruch – wenn schon nicht auf den Gnadenerweis, so doch auf eine Gnadenentscheidung, auf eine an Fristen orientierte Prüfung. (Dabei hatte die frühere Staatspraxis, die »willkürliche« Gnadendoktrin, weniger an die königliche als an die dahinterstehende göttliche Majestät erinnert.) Gerechtigkeit und Barmherzigkeit also als kategorialer Gegensatz – nur so kann eine Gerechtigkeit gedacht werden, die selbst in gegenwärtigen Rechtsstaaten bruchlos mit der kaltblütig, kaltherzig und: kaltschnäuzig vollzogenen Todesstrafe einhergehen kann. Wenn's der Wiederwahl dient ...

Dieser Gegensatz zwischen Gerechtigkeit und Barmherzigkeit bestimmt also unser Denken. Nicht aber bestimmt er die Bergpredigt und das ursprüngliche christliche Denken. Die Auslegung der vierten Seligpreisung (»Selig sind, die da hungert und dürstet nach der Gerechtigkeit; denn sie sollen satt werden«) und die Analyse des maßgeblichen Begriffs der »Gerechtigkeit« hatte gezeigt, daß die Übersetzer des hebräischen Begriffs der *sedaqa* unter bestimmten Aspekten gar nicht anders konnten, als den Begriff der Barmherzigkeit heranzuziehen, um ungefähr alle Sinn-Aspekte ins Griechische zu übertragen. (Das praktische Verständnis des griechischen Wortes ἐλεημοσύνη als »Almosengeben« bezieht sich nur auf einen engen tätigen Ausschnitt der gesamten Bedeutung des Erbarmens.) Erst im Zusammenspiel beider semantischer Felder wird deutlich, wie positiv, personal, fürsorglich und vertrauensgeprägt die göttliche Gerechtigkeit als Bundestreue (und als Treue um Treue) verstanden worden. Die Seligpreisung hebt also diesen Aspekt der bundestreuen Gerechtigkeit noch um einiges deutlicher hervor – ohne ihn aber von der Gerechtigkeit selber zu lösen; oder ihr gar – »modern« – entgegenzusetzen. Schließlich Treue um Treue: »Selig sind die Barmherzigen; denn sie werden Barmherzigkeit erlangen.«

Immer deutlicher, Schritt um Schritt, tritt in der Sequenz der Seligpreisungen die Verlagerung zur strengeren Ethisierung hervor. Aber nicht in einer in unserem Sinne gesetzmäßigen Morallehre, sondern im Sinne einer umfassenden Zuwendung. Doch damit stellt sich nicht nur die Frage, an wen der Imperativ der Seligpreisungen (und die Ethik der Bergpredigt) sich richtet: Wer kann ihr gerecht werden? Ja, noch viel mehr: Kann überhaupt jemand der Bergpredigt gerecht werden? (Wir könnten aber auch so fragen: Ist die Radikalität dieser ethischen Anforderungen für uns nur deshalb so anstößig, weil wir sie in unserem rationalistisch geprägten Denken nur noch als lieblosen, unpersönlichen Perfektionismus verstehen können, als von einem »übermenschlichen«, also: »unmenschlichen« Gesetz diktierte Überforderung?)

Die Auslegung und die Auslegungsgeschichte der Bergpredigt sind von einer jener für unser Thema durchgängig bezeichnenden Paradoxien geprägt: Wenn die Gebote der Bergpredigt für erfüllbar gehalten werden – weshalb sieht dann die Welt nicht anders aus? In der Tat kann die Geschichte der Christenheit ja nicht als eine durchgängige Erfüllungsgeschichte der Bergpredigt geschrieben werden. – Wenn aber die Anforderungen dieser ethischen Predigt eine grundsätzliche unauflösliche Überforderung darstellen – weshalb wagt dann niemand (und auch kaum jemand unter den nicht-gläubigen Lesern), sie als schlechterdings irrelevant beiseitezuschieben? Weshalb bleibt ihr dennoch – und trotz der zweitausendjährigen Geschichte des Christentums – die Kraft zur Verstörung?

Die gesamte Auslegungsgeschichte ist im Grunde von diesem Widerspruch geprägt: beides in eines zu denken – die Gültigkeit und die Unmöglichkeit der Bergpredigt. Die Auslegungsgeschichte ist im übrigen durch zwei Einschnitte geprägt: durch die Reformation und – im Nachgang zur Aufklärung – durch den Einsatz der historisch-kritischen Interpretation biblischer Texte, wie ein überaus eiliger und skizzenhafter Gang durch die Auslegungsgeschichte zeigt. (Aber auch jüngere politische Entwicklungen schlagen auf die theologischen Fragen durch: erst die liberale Emanzipation der Bürger und die Demokratisierung lassen die Frage nach der politischen Ethik für eine Vielzahl von Menschen, von Bürgern nun, zum praktischen Problem werden. Und den Rückfall in die moderne, gewissermaßen »post-demokratische« Diktatur ...)

Die ursprüngliche Christenheit hatte an dem eindeutig verpflichtenden Charakter einer an sich erfüllbaren Bergpredigt regelrecht geglaubt – und zwar unbedingt. Sie hatte dies also ganz ohne unser Problembewußtsein getan: Es wäre ihr gar nicht in den Sinn gekommen, unsere Fragen zu stellen. Die zuvor verfolgte alte Kirche bleibt zunächst von dieser Tendenz auch weiter prinzipiell bestimmt – obschon die Konstantinische Wende (313 n. Chr.) und die endgültige Wandlung der christlichen Gemeinde zur Staatskirche zwei Generationen später »unser« Problembewußtsein im Prinzip vorbereiten. Bei Augustinus finden sich Differenzierungen: Die Feindesliebe fordere nicht Fürbitte um jeden Preis. Für heilbare Feinde könne man sinnvoll bitten, aber nicht für unheilbare.

Die mittelalterliche Kirche entwickelt, geprägt von Thomas von Aquin, – vereinfacht – eine »Zweistufen-Ethik«, wonach die Zehn Gebote (die *praecepta*) für alle gelten, die »evangelischen Räte«, also die Ratschläge (die *consilia*) der Bergpredigt hingegen nur für jene Menschen, die eine christliche Vollkommenheit anstreben, also die frühen Mönche und die Kleriker. Von diesem Zeitpunkt an ist die Auslegungsgeschichte sozusagen unwiderruflich von Differenzierungen bestimmt. Es wird also entweder unterschieden nach dem Adressatenkreis: Die Bergpredigt wende sich eben nicht an alle gleichermaßen. Oder aber die Geltungskraft der Bergpredigt selbst wird differenziert betrachtet. (Die mittelalterliche Zweistufen-Ethik verliert sich dann wieder, auch in der katholischen Tradition – um erst in jüngster Zeit in einer neuen, sozusagen kirchensoziologischen Fassung wiederzukehren.)

Der Augustinermönch und Reformator Martin Luther greift auf seinen Ordenspatron Augustinus zurück, indem er seine Zwei-Reiche-Lehre entwickelt, die allerdings – anders als später die lutherische Orthodoxie – die beiden Reiche, das geistliche und das weltliche, gerade nicht auseinanderreißt und die Welt eben nicht allein ihrer Sachgesetzlichkeit überläßt. Es gibt also keine Zweistufen- oder: Zweigruppen-Ethik, aber sozusagen eine Zwei-*Rollen*-Ethik. Der einzelne Christ selber wird doppelt, und zwar unterschiedlich von den Geboten der Bergpredigt adressiert – je nachdem, ob sie ihm *in seiner Person* oder *in seinem Amte* gelten. Im Amte muß er dem Übel sehr wohl widerstehen, unter Umständen mit Gewalt. Dies aber nicht um des Amtes selber willen, als handle es sich dabei um einen Selbstzweck; sondern vielmehr deshalb, weil er im Amt *um anderer willen* und zu ihrem Schutz zu handeln hat. Auch im Amt gilt also das Liebesgebot, freilich im Sinne gewissermaßen einer »Konfliktsethik«: Der Amtsträger ist gezwungen zu entscheiden, wem das größere Recht zukommt: dem Kläger oder dem Beklagten, dem Angreifer oder dem Verteidiger. Und der Amtsträger hat dies im inneren Konflikt seiner eigenen beiden Rollen zu entscheiden.

Johannes Calvin liefert mit seiner Auslegung des Gebots, dem Übel nicht zu widerstehen, gewissermaßen das Gegenstück zu Luthers Amtsethik – eine Ethik der Inanspruchnahme des Amtes: Zwar seien Christen gehalten, Schmähungen und Beleidigungen zu ertragen; sie seien der Bosheit, dem Betrug und dem Gespött der übelsten Menschen ausgesetzt; sie sollen zudem »dergleichen Unrecht sogleich verzeihen und gern vergeben, wenn es ihnen soeben angetan worden ist.« Indessen: »Aber diese Billigkeit und Mäßigung, die sie in ihrem Herzen tragen, wird sie doch nicht daran hindern, unbeschadet ihrer Freundlichkeit gegen ihre Widersacher die Hilfe der Obrigkeit zur Bewahrung ihrer Güter in Anspruch zu nehmen oder aus Eifer um das öffentliche Wohl die Bestrafung eines schuldigen und verderbenbringenden Menschen zu verlangen, von dem sie wissen, daß er nur durch den Tod gebessert werden kann.« Ist das nun schizophren gedacht – oder verantwortlich? Oder letztlich – vom zynisch wirkenden Anachronismus der Todesstrafe als eines Instrumentes der Besserung(!) einmal abzusehen – von einer tieferen Einsicht in die wahre Natur des Menschen geprägt?

An dieser Stelle führt allein der Weg durch ein Stück Dogmengeschichte (nur scheinbar ein Umweg!) weiter – wir werden dafür entschädigt mit einem Einblick in eine aktuelle Kontroverse. In der Tat kommt hier – in Luthers Amtstheologie und Calvins Interpretation des Gewaltverzichts – eine fundamentale theologische Gewichtsverlagerung zur Wirkung, ein zentraler Paradigmenwechsel. Die Reformation entdeckt die Theologie des Apostels Paulus (und damit die frühesten schriftlichen Überlieferungen des Christentums) völlig neu. Paulus radikalisiert das existentielle Sündenbewußtsein des Christen und verweist ihn für seine Rettung ausschließlich auf die Gnade Gottes, die ihm allein im Glauben begegnet: »Denn darin wird offenbar die Gerechtigkeit, die vor Gott gilt, welche kommt aus Glauben in Glauben; wie geschrieben steht: ›Der Gerechte wird aus Glauben leben‹.«(Römer 1,17) Und:«So halten wir nun dafür, daß der Mensch gerecht wird ohne des Gesetzes Werke, allein durch den Glauben.« (Römer 3, 28) Der Mensch wird also durch die Reformation neu entdeckt als ein existentiell von Gott getrenntes Geschöpf, und also darin als Sünder; und es wird ihm die Möglichkeit bestritten, durch eigene Anstrengungen (und sei es eine perfekte Einlösung der Gebote der Bergpredigt) zu seinem Heil beizusteuern, es gar zu erlangen. Es wird ihm die Möglichkeit bestritten, seinen Lebenssinn selbst-tätig zu re-konstruieren.

Der heidenchristliche Missionar Paulus sprach zu Menschen, die nicht zuvor als Juden in der religiösen Gesetzeserfüllung als Form der Bundestreue sozialisiert wurden; er kann sich auf die Gebotserfüllung weder beziehen – noch läßt er sie als aussichtsreich gelten. Ja, er bestreitet ihr alle Kraft zur Selbst-Rechtfertigung und befreit seine Hörer dadurch von allem Rechtfertigungszwang. Wie es der Theologe Ernst Käsemann in einem Buchtitel prägnant formuliert hat: »Ein Ruf der Freiheit«.

Der Evangelist Matthäus, der aus der judenchristlichen Tradition stammt, wenngleich sich seine Gemeinde von der Synagoge bereits getrennt hat, kann nicht nur an die Gebotserfüllung als Voraussetzung und als tatsächliche Möglichkeit der Selbst-Rechtfertigung anknüpfen – er radikalisiert sie in der Bergpredigt ausdrücklich. Nicht nur, daß in seinem Bericht Jesus von Nazareth betont, daß er nicht etwa gekommen sei, das »Gesetz oder die Propheten« aufzulösen; sondern: daß er beides (erst richtig) erfüllen wolle: »Bis Himmel und Erde vergehen, wird nicht vergehen der kleinste Buchstabe noch ein Tüpfelchen vom Gesetz...« (Also: nicht einmal einer der Akzente auf den Buchstaben der griechischen Texte.) Nein, der Perfektionismus wird noch gesteigert durch die Forderung: »Wenn eure Gerechtigkeit nicht besser ist als die der Schriftgelehrten und Pharisäer ...« (Womit die ethische Position dieser frommen Juden zunächst anerkannt – und erst dann überboten wird.) Man vermeint freilich auch zwischen den Zeilen den Prediger Matthäus herauszuhören, der seiner langsam müde werdende Gemeinde die Gebote einschärft – und zu erklären vesucht, warum es notwendig war, sich von der Synagoge zu trennen; und warum es notwendig bleibt, sich außerdem gegen die einsetzenden Reformbewegungen in der durch die Tempelzerstörung erschütterten Synagoge zu profilieren.

Daß die römische Kirche in der Rechtfertigungsfrage wie in der Auslegung der Bergpredigt Matthäus gegen Paulus stark macht, geht zugleich auf die in der lateinischen Konzeption der *iustitia* verwurzelten Vorstellung von den rechtfertigenden Verdiensten zurück. Dem ausgeprägt »juristisch« argumentierenden Kirchenvater Tertullian (ca. 160 – nach 212) wird zugeschrieben, er habe die abendländische Kirche zu einer Theologie der Werke und der Verdienste geführt. Hilarius von Poitiers (um 315–um 366) schreibt: »Verdienstvoll – das kann von einer Person gesagt werden, deren eigenes Handeln die Ursache dafür ist, daß sie Verdienste für sich selbst erworben hat.« Augustin hat diese Konzeption mit der auch von ihm neu entdeckten paulinischen Theologie insoweit zu versöhnen versucht, als er sagte: Die Werke des Sünders – vor seiner Rechtfertigung durch Gott – sind und bleiben Sünden; aber nach seiner Rechtfertigung durch Gott kann der Mensch gute Werke tun. (Denn er hört damit auf, essentiell Sünder zu sein; an ihm bleibt nur noch die Konkupiszenz haften, die Neigung zu einem gewissermaßen punktuellen Fehlverhalten.) Auch wenn diese grundsätzliche Befähigung (oder: Rechtfertigung) ganz ein unverdientes Gnadengeschenk bleibt, also nicht aus eigener Kraft erworben werden kann (insoweit gilt Paulus) kann der so Befähigte hernach an seinem Heil durch gute Werke verdienstlich mitwirken (insoweit gilt Matthäus). Mit diesem Paradoxon will Augustin sozusagen Paulus *und* Matthäus, und im weiteren Sinne: hebräische Gesetzeserfüllung und römisches Rechtsdenken auf einen Nenner bringen. Ihm folgte nach der Reformation das gegenreformatorische Konzil von Trient – und ihm folgt die katholische Lehre bis heute. Und bis heute gilt eine in Trient aufgestellte Regel für die Interpretation der ethischen Anforderungen der Bergpredigt: »Wer in Christus den Erlöser vom Gesetzgeber trennt und nur ersterem Gehorsam schuldig zu sein meint,[*wer also im Sinne der Reformatoren die Erlösung allein durch den rechtfertigenden Glauben lehrt*] sei verdammt.«

Wir stehen also wiederum mitten in der Kontroverse um die Rechtfertigungslehre und um den bislang unvollständigen katholisch-lutherischen Brückenschlag. Der Gegensatz läßt sich allenfalls in einem von allen akzeptierten Paradox, kaum aber in einem logisch sauberen Argument auflösen: Weil eben schon die theologischen Wurzeln so kontrovers sind wie die Theologien des Paulus und des Matthäus – und die Bergpredigt. Kein Disput der aktuellen politischen Ethik läßt sich verstehen, ohne Rückgriff auf diese fundamentalen Kontroversen.

Der Erkenntnisgewinn der Reformation und, nach ihr, der Aufklärung – und schließlich beiden folgend: der historisch-kritischen Auslegung biblischer Texte erleichtert es uns zwar, diese Kontroversen zu verstehen. Es wird uns dadurch aber keineswegs leichter, sie aufzulösen.

Mit den Instrumenten der historischen Textkritik ist gewiß deutlicher zu differenzieren zwischen (wohl) ursprünglichen Worten des Jesus von Nazareth und (gewiß) redaktionellen Zuspitzungen und Zufügungen des Matthäus – und der Tradenten und Quellen, auf die er sich stützte. Es bleiben freilich viele der Einsichten hypothetisch. Der Forschungsstand ist ohnedies naturgemäß nicht naturwissenschaftlich exakt – und der Forschungsgegenstand kein Objekt der ›exakten‹ Wissenschaft.

Gleichwohl muß auch die textkritisch inspirierte Auslegungsgeschichte in den ›hermeneutischen Zirkel‹ eingeholt werden, den auch die heutige Interpretation zu schlagen hat. Der Theologe und Politiker Friedrich Naumann entdeckte zu Beginn unseres Jahrhunderts nach einer Nahost-Reise sozusagen aus eigener Anschauung die Differenz im politisch-sozialen Kontext zwischen der Umwelt des Jesus von Nazareth und unserer modernen Zivilisation: Die Gebote der Bergpredigt seien in die Welt Galiläas gesprochen, könnten allein dort unmittelbar gelten, hierzulande allenfalls für Mönche; für die Fragen unserer Zeit seien keine direkten Weisungen zu gewinnen.

Einige heutige Ausleger wollen – in diesem Sinne – zum Beispiel in den Seligpreisungen die Absage Jesu an die Zeloten sehen, an jene jüdischen Aufständischen also, die das Volk in den Kampf gegen die römische Besatzungsmacht führen und einen politischen Wandel erzwingen wollten: »Die Armen im Geiste und die Sanftmütigen betonen die bewußt auf sich genommene, geduldige, gewaltlose Haltung des Gottes Volkes, das allein von der Wiederkunft seines Herrn Rettung und Heil erwartet.« (Michael Krämer) Dies mag auf den ersten Blick plausibel klingen. Etwa ähnlich, wie man in der Aufforderung »Und wenn dich jemand nötigt, eine Meile mitzugehen, so geh mit ihm zwei« den Appell lesen könnte, sich nicht mit der römischen Besatzungsmacht anzulegen, die Hand- und Spanndienste requirieren konnte. Doch all dieses hilft nicht zu verstehen, weshalb Matthäus seine Worte in eine ganz andere Situation sechzig Jahre später spricht, nachdem die Aufständischen geschlagen sind und der Tempel zerstört wurde.

Hatte Friedrich Naumanns sozusagen aus der »modernen« politischen Sachgerechtigkeit gegen die Ethik einer archaischen Gesellschaft argumentiert, stützte sich sein Zeitgenosse Albert Schweitzer, wie bei früherer Gelegenheit schon erwähnt, auf eine theologische Beobachtung, in dem er das Endzeitbewußtsein des Jesus von Nazareth hervorhob und die Bergpredigt allein als »Interimsethik« für eine kurze Frist las. Damit sei »festgestellt, daß es eine Ethik des Reiches Gottes für Jesus nicht gibt.« Und was die praktische Bedeutung der Bergpredigt betrifft: »Man unternehme es nicht, sie künstlich mit einer modernen Sozialethik auszugleichen. Sie ist ihrem Wesen nach individualistisch und weltverneinend und sieht von allen in den irdischen Verhältnissen gegebenen Größen und Zwecken ab, um die absolute innere Vollendung des Einzelnen zu fordern. Der Versuch, unsere Ethik als Ganzes aus der von Jesus verkündeten abzuleiten, ist sinnlos und verkehrt.« Was aber bliebe, wenn man Schweitzer darin folgte?

Schweitzer war der Auffassung, der historisch arbeitende Interpret habe sich um »etwaige Kompromisse zwischen den eschatologischen und der modernen Anschauung nicht zu kümmern, sondern sie dem philosophischen Denken zu überlassen.« Hier wird allerdings unbewußt einer Unklarheit der Boden bereitet und ein Versuch unternommen, ein unauflösliches Paradox zu einer, und schon damit: zur falschen Seite hin aufzulösen. Bis dahin wäre ihm noch zu folgen: »Darum ist es ein eitles Beginnen, die Ethik Jesu mit der modernen ausgleichen zu wollen. Die absoluten Forderungen der ersteren müssen mit den relativen der letzteren in Spannung stehen und sie in dem einzelnen Subjekt in tätige Bewegung bringen, wie die Feder der Uhr das komplizierte Räderwerk in Gang setzt.« Aber wer ist in diesem Bild die Feder? Es kann – nicht fundamentalistisch, sondern grundsätzlich paradox ausgedrückt – jedenfalls für den Theologen und den Christen nicht (irgendein) nur philosophisches Denken sein; denn dieses wäre der Rückfall in die Selbstrechtfertigung. Das eigene Denken kann die Autorität dieses Text interpretieren, nicht erzeugen. Was immer mit dem Begriff »Interimsethik« gemeint sein kann – es geht jedenfalls nicht nur um eine »Interimsautorität« der Bergpredigt, vor allem nicht, wenn damit gesagt sein soll, das Interim sei längst vorüber.

Dies ist auch der entscheidende Grund dafür, daß die Interpretationsgeschichte dieses Textes kein Ende nehmen will und sich bis in die jüngsten Tage kontrovers fortsetzt. Eine interessante, sozusagen kirchensoziologisch differenzierende Variante – und damit eine moderne Version einer Zweistufen-Ethik, wie wir sie aus dem Mittelalter kennen, findet sich auf katholischer Seite bei Gerhard Lohfink, auf protestantischer Seite bei Ulrich Luz. Luz greift auf Troeltsch zurück und stellt einen Kontrast her zwischen einer Ethik für eine Sekte einerseits und für eine Großkirche andererseits – und spricht deshalb vom Konzept der Bergpredigt als einer »Kontrastethik«; die Ethik der Bergpredigt sei nur praktizierbar in sektenhaft verdichteten und geschlossenen Gemeinschaften.

In ähnlicher Weise argumentiert Lohfink, wenn er die Ethik der Bergpredigt einer »Kontrastgesellschaft« zuweist. Das Neue Testament rechne »nicht damit, daß Christen Verantwortung im Staat übernehmen«. Kraß zugespitzt: Christen hätten nicht zu fragen, wie es um die ganze Welt steht, sondern ausschließlich so zu leben, daß in ihrer Gemeinschaft die Gebote der Bergpredigt unverkürzt gelten: Mitten in der Welt die Kirche als eine »Gegengesellschaft«.

In der Tat wird in diesen beiden Anläufen, unter Vermeidung des individualistischen Rückzugs ins stille Kämmerlein, eine Sozialgestalt für die Ethik der Bergpredigt gesucht; auf eindrucksvolle Weise also ein dritter Weg »zwischen der privatistischen und der politischen Position« (Lohfink). Ob nun aber »Kontrastethik« oder »Kontrastgesellschaft« – auch diese Lösungsversuche entbinden nicht von der Frage, wie sich der Kontrast zu seinem Gegenbild, wie sich die Kirche zur Gesellschaft verhält; selbst dann nicht, wenn man sich die kritische Distanz durchaus größer vorstellen könnte. Der Kontrast existiert eben nur: im Kontrast. Es bleibt also die Frage, wie die beiden Sphären miteinander kommunizieren. Denn eines ist klar: Die »Kontrastgesellschaft« kann als solche nur existieren, wenn ihr dies die übrige Gesellschaft möglich sein läßt – und sei es dadurch, daß sie ein Minimum an Frieden, Sicherheit und Toleranz gewährleistet.

Dennoch: Die Domestizierung der Bergpredigt ist mißlungen – das beweisen schon die immer wieder und immer noch fortgesetzten Versuche der Zähmung. Die gesamte jüngere Geschichte ihrer Auslegung ist ein beunruhigtes Hin und Her zwischen ihrer Anforderung und Überforderung. Nach wie vor treibt sie Menschen als Weltkinder in der Mitten um, fasziniert und verstört ihr Programm auch Agnostiker – und sei es darin, daß sie bleibend zum Widerspruch reizt. Gewiß, wer hält es wirklich für möglich, sich in unserer Welt perfekt nach ihr zu richten? Aber wer würde, umgekehrt, ernstlich sagen: ihre Welt wäre keine Alternative?

VI. Heilige brauchen keine Ethik
Selig sind, die reinen Herzens sind; denn sie werden Gott schauen

Was vermag der Fromme in einer heillosen Welt? Gibt es eine Weltfrömmigkeit – oder sind Welt und Frömmigkeit unheilbare Gegensätze? »Die reinen Herzens sind« – oder wie es in ähnlichen Zusammenhängen des Alten Testaments (denn von dort kommt diese Formel) heißt: reiner Seele, reinen Geistes. Das meint im jüdischen Kontext Leute eines ungeteilten Gehorsams gegenüber Gott. Heilige, so würden wir sagen. Sie werden Gott schauen. Das aber ist für den frommen Juden zu Lebzeiten ein unmöglich Ding: Gottes Anblick hält kein Mensch aus. Es handelt sich folglich um eine endzeitliche Verheißung für Menschen, die von dieser Zeit und Welt nicht berührt, nicht auf böse Gedanken gebracht werden, schon gar nicht zu fragwürdigen Handlungen. Heilige, eben.

Aber können solche Menschen überhaupt ethische Subjekte sein? Können sie also selber bewußt Einfluß nehmen auf den Lauf der Dinge, gar: politisch aktiv sein? Kann man überhaupt mit der Bergpredigt unter dem Arm Politik betreiben – da es doch, dem berühmten (in Wirklichkeit damals höchst ironisch und gegenüber den Beamten kritisch gemeinten) Diktum des weiland Innenministers Hermann Höcherl zufolge nicht einmal möglich ist, ständig mit dem Grundgesetz unter dem Arm herumzulaufen?

Die Frage stellen, heißt sie zu verneinen – wenn man sich an das Urteil der Politiker (der meisten jedenfalls) und der politischen Menschen hält. Aber ist dieses Nein seiner selbst so sicher? Was wäre ein Christentum – nicht nur ohne, sondern *minus* Bergpredigt?

In seinem berühmten Vortrag »Politik als Beruf« sagte Max Weber: »Mit der Bergpredigt – gemeint ist: die absolute Ethik des Evangeliums – ist es eine ernstere Sache, als die glauben, die diese Gebote heute gerne zitieren. Mit ihr ist nicht zu spaßen. Von ihr gilt, was man von der Kausalität in der Wissenschaft gesagt hat: sie ist kein Fiaker, den man beliebig halten lassen kann, um nach Befinden ein- und auszusteigen. Sondern: ganz *oder* gar nicht, *das* gerade ist ihr Sinn, wenn etwas anderes als Trivialitäten herauskommen soll.« Max Weber führt sodann das scheinbar nur allzu evidente, nämlich die Unerfüllbarkeit der Ethik der Bergpredigt *in politicis* an – um schließlich zuzuspitzen: »Oder: ›halte den anderen Backen hin!‹ Unbedingt, ohne zu fragen, wieso es dem anderen zukommt, zu schlagen. Eine Ethik der Würdelosigkeit – außer: für einen Heiligen. Das ist es: man muß ein Heiliger sein in *allem*, zumindest dem Wollen nach, und muß leben wie Jesus, die Apostel, der heilige Franz und seinesgleichen, *dann* ist diese Ethik sinnvoll und Ausdruck einer Würde. *Sonst nicht.*« Also eine Ethik nur für Heilige: »Selig sind, die reinen Herzens sind; denn sie werden Gott schauen«? Aber wozu brauchen Heilige eigentlich eine Ethik?

Gibt es, Max Weber folgend, wirklich nur die Alternative: Entweder Trivialitäten oder Absurditäten; Trivialitäten, weil man die Gebote der Bergpredigt *nicht* absolut, »ganz *oder* gar nicht« gelten läßt – oder Absurditäten, *weil* man sie absolut setzt?

Vielleicht ist es ja dieser ethische Absolutismus selber, der erst die Gebote der Bergpredigt absurd erscheinen läßt. Nehmen wir als Beispiel eben die von Max Weber zitierte Stelle aus Matthäus 5, 39: »Ich aber sage euch, daß ihr nicht widerstreben sollt dem Übel, sondern: wenn dich jemand auf deine rechte Backe schlägt, dem biete die andere auch dar.« Handelt es sich denn wirklich um die Aufforderung sich möglichst sinnlos schlagen zu lassen? Geht man der Sache exegetisch auf den Grund, ergibt sich folgender Befund: Im jüdischen Recht wurde eine Ohrfeige mit einer bestimmten Geldstrafe belegt – 200 Zuz. Wie aber kann mir jemand auf die rechte Backe schlagen? Der Leser mache einen Versuch am Mitleser: Es geht nur – unter Rechtshändern –, wenn der Schläger ausholt und mit dem Handrücken zuschlägt; mit »verkehrter Hand« also. Dieser Schlag, der die innere Handfläche von einer Verunreinigung am als unrein denunzierten Gegenüber freihielt, galt als besonderer Schimpf. In diesem besonders schweren Falle der entehrenden Körperverletzung ist eine doppelte Strafe verwirkt – 400 Zuz. Da nun im ganzen Zusammenhang von einem Verzicht auf totale und deshalb übertriebene Rechthaberei die Rede ist, die immer nur neuen Streit und Hader nach sich zieht, wäre die Stelle auf den zweiten Blick schon so zu lesen: »Bevor du in deinem gerechten Zorn auf der Verdopplung der Strafe bestehst (die dir gewiß zusteht, die aber neuerlichen Ärger schafft), laß dich lieber doppelt schlagen – zumal da es ja nicht um eine physisch stärkere Gewalttat geht, sondern ›nur‹ um den verschärften Ehrenhändel.« – Wobei ohnedies auch folgender Zusammenhang zu beachten ist: Das jüdische Talionsprinzip – Auge um Auge, Zahn um Zahn – dient nicht der möglichst grausamen Bestrafung, sondern ist zunächst einmal als eine Begrenzung (»nicht mehr als ...«) der sonst sinnlos entartenden Rache zu verstehen und deshalb im historischen

Kontext: als enorme Zivilisationsleistung zu achten. Die Mahnung zur Mäßigung in der Verteidigung der eigenen Ehre – eine Ethik der Würdelosigkeit? Vor hundert Jahren haben wir in unserem Rechtskreis noch Duelle ausgetragen: eine Ethik der Würde?

Trivialität oder Absurdität: Beim Versuch, die Bergpredigt zu verstehen, sollten wir die existentielle Radikalität ihrer Ethik nicht mit einer formalen Absolutheit verwechseln. Wenn wir Max Webers Bild vom Fiaker, den man nicht beliebig halten lassen kann, zurückverfolgen, stoßen wir als Quelle auf ein Dictum von Arthur Schopenhauer, das bezogen auf den logischen »Satz vom zureichenden Grunde« lautet: »Das *Gesetz der Kausalität* ist also nicht so gefällig, sich brauchen zu lassen, wie ein Fiaker, den man angekommen, wo man hingewollt, nach Hause schickt.« So mag es für das Denken in linearen Kausalitäten in der Tat gelten. Es ist nun nicht gegen die Berechtigung dieses Denkens – und schon gar nicht für eine flotte Chaos-Theorie oder gar für esoterische Vagheiten – gesprochen, wenn man als Erfahrung festhält: In existentiellen (und ethischen, und: politischen) Fragen gibt es tragische und paradoxe Situationen, gegen die kein Kraut der Kausalität gewachsen ist. Und auch kein Absolutismus des Alles-oder-gar-nichts; was im Einzelfall der radikalen Herausforderung nichts an Schärfe nimmt. Aber wer die Schärfe eines formal-logischen Absolutismus an die Ethik der Bergpredigt heranträgt (und absolute Logik mit existentieller Radikalität verwechselt), unterschiebt ihr einen ihr fremden Absolutismus, um sie hernach an eben diesem für eine Absurdität zu erklären; oder die Ergebnisse jeder anderen Interpretation für Trivialitäten. Gegen eben diese Form der übertriebenen »Rechthaberei« wendete sich paradoxerweise gerade die zitierte Bibelstelle. (Wir werden dieser Art der »Totschlags«-Argumentation im nächsten Kapitel über die Friedensethik erneut begegnen.)

In Wirklichkeit – und das verbindet sie – stehen beide Argumentationslinien unter einem ethischen Begründungszwang – die radikale wie die pragmatische. Es gibt schlechterdings keine Ethik, die nicht auf die Folgen ihres Handelns zu reflektieren hätte. Insofern führt die Unterscheidung zwischen Gesinnungs- und Verantwortungsethik, so wie sie Max Weber zuspitzt, ein Stück weit in die Irre: Es sei »ein abgrundtiefer Gegensatz, ob man unter der gesinnungsethischen Maxime handelt – religiös geredet -: ›der Christ tut recht und stellt den Erfolg Gott anheim‹, *oder* unter der verantwortungsethischen: daß man für die (voraussehbaren) Folgen seines Handelns aufzukommen hat.« In der Begriffsgeschichte des Wortes Gesinnungsethik wird in der Tat abgestellt auf die innere Motivlage und Haltung, mit der jemand handelt. Auf der ersten Argumentationsschicht geht es um die Übereinstimmung von äußerem Handeln und innerer Einstellung zum Handeln – und insofern ist die »richtige« Gesinnung eine notwendige Bedingung richtigen Handelns. Daß sie zugleich eine hinreichende Bedingung sei, daß sie gar für die schädlichen Folgen eines »gutgemeinten« Handelns entschädigen könne (und wen?) – das ist damit noch lange nicht gesagt. (Dennoch hat das Strafrecht beim »Gesinnungstäter« die Schuldfrage seit jeher milder beurteilt.) Allerdings klärt sich vieles, wenn man das diffuse Wort Gesinnung (was ja eine stark subjektivistische Tendenz trägt) ersetzt durch den Begriff Gewissen. Das Gewissen ist gegenüber der eher »gefühligen« Kategorie Gesinnung eine kritische Instanz – und zwar sowohl gegenüber dem eigenen Handeln als auch gegenüber den eigenen Motiven. Und schon wird es schwieriger, einen Gegensatz zwischen einer Gewissensethik und einer Verantwortungsethik zu konstruieren – denn was wäre ein gewissenhaftes Handeln denn anderes als ein verantwortungsvolles Handeln? Allerdings wird – theologisch gesprochen – ein weiterer Vorbehalt anzumelden sein: Das Gewissen ist zwar die letzte Instanz unseres Urteilens, unser Gewissen ist aber keine unfehlbare Instanz. Sie steht vielmehr in der gefallenen Welt unter dem Vorbehalt des Irrtums – und hat gerade darin ihre Würde. Nur weil es das *irrende* Gewissen als letzte Instanz gibt, gibt es Gewissensfreiheit und voneinander abweichende Gewissensentscheidungen – und gerade als solche verdienen sie Respekt. Der Christ prüft, fundamentalistisch ausgedrückt, sein Gewissen vor Gott – aber sein Gewissen fällt keine Gottesurteile. Auch wenn er selber glaubt, schlechterdings nicht anders handeln zu können.

Die fast ironisch zu nennende Pointe an Max Webers Typus der Unterscheidung zwischen Gesinnungs- und Verantwortungsethik ist nun diese: In der theologischen Diskussion des ausgehenden 19. Jahrhunderts war unter Gesinnungsethik ein Rückzug aus der Politik, ja aus aller Politik gemeint. Die Gesinnung sollte rein bleiben, indem ihr Träger entschieden darauf verzichtete, sich an der Politik die Finger schmutzig zu machen. Max Webers Befürchtung war ganz im Gegenteil die, daß ethische Radikalisten, daß sich die »Gesinnungsethiker« in den Umwälzungen nach dem Ersten Weltkrieg unmittelbar in die Politik einmischen, gar zu einem entscheidenden politischen Einfluß kommen könnten – mit den »bekannten« schlimmen Folgen. Im historisch vorausgegangenen Kontext war unter Gesinnungsethik also demgegenüber gerade der Verzicht auf politische Wirksamkeit verstanden worden (und wer politisch nicht handeln wollte, brauchte – wie er glaubte – nicht die Folgen eines politischen Handelns zu reflektieren, auch nicht die ausbleibenden Folgen). Gesinnungsethiker, wie sie Max Weber vor sich sah, hätten sich aber in ihrem Willen, Politik zu gestalten, für die Folgen ihres Tuns sehr wohl verantworten müssen, sie wären jedenfalls zur Verantwortung gezogen worden – und also kam es in seinem leidenschaftlichen Vortrag zu jener merkwürdigen, bis heute gerne strapazierten Kontrastierung zwischen Gesinnungs- und Verantwortungsethik, als ob nicht jedes politische Handeln sich – *coram Deo* und *coram publico* – zu verantworten hätte; als ob nicht jede Ethik eben gerade *per definitionem* mit nichts anderem als der Verantwortung für Handeln zu tun hätte; und als ob nicht beides, verantwortungslose Gesinnung wie gesinnungslose Verantwortung, ein unmöglich Ding wären und jedenfalls gar nichts zu tun hätte mit – Ethik überhaupt.

Dennoch bleibt die Frage: Kann man mit der Bergpredigt Politik betreiben? (Oder anders gefragt: Kann man *ohne* Bergpredigt Christ sein?) Wenn man sich nicht in jenen unfruchtbaren Oppositionen (entweder ganz oder gar nicht, Trivialität oder Absurdität) festrennen will, lohnt sich – aus heutiger Perspektive – ein zweiter Blick auf die vielen Versuche, die Bergpredigt zu »domestizieren«. (Wobei auch in dem Begriff »domestizieren« schon eine verfehlte Alles-oder-nichts-Haltung verborgen sein kann.)

Man müsse, wenn man sich an der Bergpredigt orientieren wolle, leben wie Jesus, die Apostel oder der heilige Franz – so hatte es Max Weber gesagt. Und was besagt für uns die Tatsache, daß man sich an eben diese Gestalten noch heute erinnert, besser erinnert in jedem Fall als an manche ihrer welttüchtigen Zeitgenossen? Und bringen sie nicht als vorbildliche Erinnerung zugleich ein Wunschbild zum Vorschein, ein utopisches Vorbild zum Widerschein, das einen höchst wirkungsvollen und beunruhigenden Kontrast zu unserer Alltagswelt bildet – eine kritische Folie, einen Maßstab, den wir doch immer wieder anlegen? Und sei es im Konjunktiv: Wie könnte die Welt aussehen, wenn?

Schon die mittelalterliche katholische »Zwei-Stufen-Ethik« (die Zehn Gebote für alle, die Bergpredigt für die nach der Vollkommenheit strebenden Mönche und Kleriker) war ja nicht formuliert worden, um die Bergpredigt zu domestizieren, sondern weil man in den *consiliae* die wirksame Möglichkeit eines stellvertretenden, symbolischen Handelns sah, die in der Alltagswelt keineswegs nur entlastend wirkte, sondern eben zugleich im Sinne eines utopischen Vorbilds und

Gegenbildes Anforderungen einschärfte; wie selbst unsere Erinnerung noch zeigt: höchst wirkungsvoll.

Als Martin Luther seine Form der Zwei-Reiche-Lehre konzipierte, ging es ihm ebenfalls nicht darum, das Reich zur Linken, also die Welt ethisch abzukoppeln und in den Bereich der blinden Sachzwänge zu entlassen, sondern vielmehr darzustellen, wie sich in einer Person beides verbinden lasse – die Existenz eines Christen in Person und ein politisch verantwortliches Handeln im Amt; nicht um des Amtes selber, sondern um anderer Personen willen.

Unter modernen politischen Umständen hat sich das Problem (Kann man mit der Bergpredigt Politik betreiben?) gewissermaßen doppelt vervielfältigt. Es hat sich zum einen demokratisiert: dank der demokratischen Partizipation stellt sich die Frage mehr Menschen als je zuvor. Und es hat sich pluralisiert: in der offenen Gesellschaft konkurrieren viel mehr Lebensentwürfe – und Entwürfe einer politischen Ethik – miteinander als jemals zuvor.

Es stellt sich die Frage, ob es sinnvoll sein kann, in der politischen Ethik nur so zu denken, als ob man wie ein isolierter Autokrat zu entscheiden hätte: Es gibt sozusagen nur einen, der entscheidet; es gibt nur *eine* Entscheidung – und die muß so ausfallen, als habe sie allen Kriterien und Erwartungen gleichzeitig standzuhalten. Einer alles in allem, und dieser Eine: alles oder nichts – kann das ein sinnvolles Konzept sein? Selbst der kategorische Imperativ Immanuel Kants (»Handle nur nach derjenigen Maxime, durch die du zugleich wollen kannst, daß sie ein allgemeines Gesetz werde«) würde unter unseren politischen Bedingungen in erster Instanz zu einer Konkurrenz von vielen »Gesetzentwürfen« führen.

Die politisch-ethische Frage lautet also nicht – im Sinne eines Alles-oder-nichts –, ob die Welt mit der Bergpredigt unter dem Arm zu regieren ist. Sondern: Ist es möglich, ist es sinnvoll und zu verantworten, daß man sich als Staatsbürger *und* Christ im demokratischen und pluralistischen Konzert der politischen Entwürfe aktiv beteiligt, und zwar mit der Bergpredigt als ethischer Partitur?

Wobei sich folgendes von selbst versteht: Auch die Bergpredigt versteht sich nicht von selbst – sie bedarf, wie jeder Text, ja selbst: wie jeder scheinbar so eindeutige Befehl, der Interpretation, auch vor Andersdenkenden. Und die Andersdenkenden haben im politischen Diskurs ihrerseits für sich das zu interpretieren, was ihnen gesagt wird. Wer nur in kausalistischen Entweder-Oder-Entscheidungen denken kann, wird nach wie vor die Frage nach der ethischen Relevanz der Bergpredigt verneinen. Aber wird ein solches Denken den paradoxen Voraussetzungen und Folgen unseres existentiellen Handelns gerecht?

Im Sinne einer partizipatorischen und pluralistischen Diskursgemeinschaft über politisch-ethische Entscheidungen, also: in einer *kommunikativen Ethik*, man kann auch schlichter sagen: in der Demokratie kann es jene totalisierenden Denkmuster legitimerweise nicht (mehr) geben, die ethische Einreden schon mit der Rückfrage abtöten: Wenn jeder so reden würde ... Sondern es kann durchaus legitim und fruchtbar sein, wenn politische Entscheidungen aus einem Diskurs hervorgehen, in dem unvereinbare Positionen, zum Teil auch »unrealistische« Positionen nebeneinander stehen bleiben – und in dem auch die »unrealistischen« Positionen die »Realisten« zur politischen Rücksichtnahme, zum verschärften Nachdenken zwingen und zur Korrektur von Entscheidungen bewegen.

Es ist durchaus möglich, den Ausgang der Politik des Nato-Doppelbeschlusses zur Nachrüstung wir folgt zu interpretieren: Hätte die Friedensbewegung alleine Politik gemacht, stünden die sowjetischen Raketen (vielleicht sogar noch eine Sowjetunion) an ihrem alten Platz. Hätten alleine die Realisten Politik betrieben, stünden möglicherweise östliche und westliche Mittelstreckenraketen an ihrem Platz. Bei aller Kritik an einer endzeitlichen »Monopolethik« der Friedensbewegung: Hat nicht die massiv artikulierte Skepsis gegen die Sachzwänge der Rüstungspolitik mit dazu beigetragen, daß die westlichen Politiker die Möglichkeiten einer Null-Lösung ernster eruierten – auf daß sie als Friedenspräsidenten und -Politiker in die Geschichtsbücher eingehen konnten? So daß gerade das kommunikative Kontrapunktieren an sich unvereinbarer Positionen das im Vergleich zu beiden Ausgangspositionen bessere Resultat gebracht hat. Insoweit wäre anstelle einer »Kontrastethik« oder einer »Kontrastgesellschaft« eher von einer *kontrapunktischen Ethik* zu sprechen, in der es bei allen Kontrasten auch Wechselwirkungen gibt – gewollte und zu verantwortende!

Totalisierende Rückfragen an die politische Relevanz und Radikalität der Bergpredigt haben jedenfalls schon in der Vergangenheit ihren kritischen Impuls nicht ersticken können. Die vielen »Domestizierungsversuche« zeugten zugleich von der untergründigen Widerständigkeit dieses Textes.

Nur Heilige brauchen keine Ethik – allerdings auch keine Politik. »Selig sind, die reinen Herzens sind; denn sie werden Gott schauen.« Dies ist kein politischer, sondern ein endzeitlicher Satz. Aber politische Kritik lebt auch von endzeitlichen Sätzen. Dietrich Bonhoeffer hat in seinem Buch »Nachfolge« aus dem Jahr 1937 eine der bewegenden – und strengsten – Interpretationen der Bergpredigt in diesem Jahrhundert geschrieben. Sein Weg führte ihn – dennoch, deshalb? – in den politischen Widerstand. Am Tag nach dem Scheitern des Attentats gegen Hitler, am 21. Juli 1944, schreibt er aus der Zelle in Tegel: »Ich dachte, ich könnte glauben lernen, indem ich selbst so etwas wie ein heiliges Leben zu führen versuchte. Als das Ende dieses Weges schrieb ich wohl die ›Nachfolge‹. Heute sehe ich die Gefahren dieses Buches, zu dem ich allerdings nach wie vor stehe, deutlich.« Nun habe er, so schreibt er weiter, erfahren, daß man erst in der vollen Diesseitigkeit des Lebens glauben lerne, nämlich: »Wenn man völlig darauf verzichtet hat, aus sich selbst etwas zu machen – sei es einen Heiligen oder einen bekehrten Sünder oder einen Kirchenmann (eine sogenannte priesterliche Gestalt!), einen Gerechten oder einen Ungerechten ...«

Ganz oder gar nicht, alles oder nichts – diese Alternative führt zu nichts.

VII. Das richtige Leben im falschen
Selig sind die Friedfertigen; denn sie werden Gottes Kinder heißen

Es gibt kein richtiges Leben im falschen. – So jedenfalls lautet eine wichtige Unterrichtseinheit der Frankfurter Schule (Th. W. Adorno, Minima Moralia, I,18) Wieder eine totalisierende Behauptung, die Radikalität mit Absolutheit gleichsetzt. Wieder eine Behauptung, die nach Max Weber klingt: »ganz oder gar nicht«; das jedenfalls war ihm der Sinn der Ethik aus der Bergpredigt. Trotzdem kann gerade im eklatanten Widerspruch zur Wirklichkeit, kann just in einer paradoxen Situation ein Element der Wahrheit offenbar werden. Wie wäre denn sonst die Regelung der Militärseelsorge für die deutschen Soldaten in Bosnien zu erklären?
Militärseelsorger sind nach dem Völkerrecht und nach dem in Westdeutschland geltenden Staatskirchenrecht – obschon ordinierte Geistliche – dem Militär zugeordnet; sie gehören zwar nicht zur kämpfenden Truppe, aber doch, wie die Sanitätsoffiziere, zum Militär. Nur so sind sie auch im Ernstfall vom Schutz der Haager und Genfer Konventionen erfaßt. Sanitätsoffiziere dürfen zum Selbstschutz (und zur Nothilfe für die ihnen Anvertrauten) Handfeuerwaffen tragen. Militärgeistliche im Prinzip auch. Die deutschen Militärseelsorger hatten auf das Tragen von Waffen bislang verzichtet. Als einige von ihnen mit den Soldaten nach Bosnien zogen, wurde ihnen angetragen, diesen Verzicht zu revidieren. Sie lehnten dies weiterhin ab. Und wie wird nun für ihren persönlichen Schutz gesorgt? Sie werden von einem bewaffneten Soldaten eskortiert. Ein offenkundiger Widerspruch! Denn wie soll man erklären, daß diese Seelsorger von einem Schutz profitieren, den sie selber zu leisten durchaus berechtigt wären, für sich vorzunehmen aber ablehnen? Weil es eben doch ein richtiges Leben im falschen gibt. Oder anders ausgedrückt: Weil es ein Richtiges im Leben gibt, das vom richtigen Leben widersprechend abweicht. Noch in der vermeintlich absurden Situation – mitten im Zustand des Unfriedens – wird durch symbolisches Handeln, genauer: durch einen symbolischen Verzicht (der doch in Wirklichkeit ein symbolischer Verzicht auf die Waffe ist, nicht ein effektiver Verzicht auf den Schutz) ein Zeichen gesetzt für eine Gegenwelt, eine utopische Gegenwelt. Übrigens auch ein Zeichen dafür, daß der Militärseelsorger im Fall eines Falles selbst einem gegnerischen Soldaten, da selber unbewaffnet, nicht als Feind gegenübertritt; heutzutage! Und dies geschieht – welcher Zivilisa-

tionsgewinn! – unter gegenseitiger Anerkennung der kontrastierenden Rollen. Ein Kontrastprogramm, nein: ein Kontrapunkt.

In der Armee der demokratischen Tschechischen Republik ist dasselbe Problem etwas anders gelöst worden: Dort sind die Militärseelsorger – wenige freilich, angesichts des post-kommunistischen Atheismus, aber immerhin! – Offiziere der Armee, wie Sanitätsoffiziere eben. Das kämpfende Offizierskorps hätte freilich den demonstrativen Verzicht auf die Offizierspistole nicht akzeptiert und das damit bezeugte symbolische Handeln als moralischen Vorwurf an die eigene Adresse verstanden. Die – an Schwejk gemahnende – Lösung: Die tschechischen Militärseelsorger nehmen die Pistole in Empfang, hinterlegen sie beim Kommandanten – und holen sie dort bis zum Ende ihrer Dienstzeit nicht mehr ab. (Eine Besonderheit der deutschen – protestantischen – Lage: Nach der Wiedervereinigung sahen sich die ostdeutschen Protestanten nicht zu einer staatskirchenrechtlichen Regelung in der Lage, wie sie westlich und östlich von ihnen akzeptiert wird. Für die ostdeutschen protestantischen Landeskirchen – nicht für die dortigen katholischen Diözesen – gibt es seither eine Sonderregelung. Es gibt offenbar auch ein besonders richtiges Leben im falschen.)

Wie auch immer: Diese symbolischen, wahrheitshaltigen Widersprüche gäbe es nicht ohne die zweitausendjährige Geschichte der Bergpredigt und des Christentums. Also auch nicht ohne die siebte der Seligpreisungen: »Selig sind die Friedfertigen; denn sie werden Gottes Kinder heißen.«

Die in der Sequenz sich steigernde Verdichtung der Seligpreisungen wird uns davor bewahren, darin nur den schlichten Appell (oder: Befehl) zu lesen: Haltet den Frieden! Die Radikalität der endzeitlichen Verheißung wird in Luthers Übersetzung durch eine Frühform des »inklusiven«, Sprachgebrauchs eher verdeckt: Wo Luther übersetzt »Gottes Kinder«, steht im griechischen Urtext υἱοὶ θεοῦ – also *Söhne* Gottes. Die Bibel kennt aber zu unserer Zeit nur *einen* Sohn Gottes – der Extremismus in dieser Verheißung ist also kaum zu übersehen. Und er kann sich nicht einfach auf die bloße, gewissermaßen passive Friedfertigkeit beziehen, auch nicht auf durchaus aktive Menschen, die in der englischen King-James-Übersetzung *peacemaker* genannt werden. So als bewegten wir uns im semantischen Umfeld von *peace keeping, peace making, peace enforcement, robust peace enforcement* ...

Wir stoßen hier auf eine parallele Figur zum Begriff der Gerechtigkeit, von der in der vierten Seligpreisung die Rede war. Der Friede, von dem hier nun die Rede ist, ist auf dem Hintergrund des göttlichen Friedens, also des göttlichen *Schalom* zu verstehen – einer ganzheitlichen, messianischen Neuordnung (eines neuen Himmels und einer neuen Erde), in der Gott und Schöpfung, Mensch und Mitmensch, Mensch und Natur im Zustand heilsamer Versöhntheit miteinander leben. Man könnte auch sagen: das Paradies – freilich das wiederhergestellte. Und freilich: nicht durch Menschen wieder hergestellte. »Und er wird richten unter den Heiden und zurechtweisen viele Völker,« so heißt es in Jesaja 2,4: »Da werden sie ihre Schwerter zu Pflugscharen und ihre Spieße zu Sicheln machen« – und sinngleich bei Micha 4,3: »Daß Schwerter und Sicheln zu Pflugscharen umgeschmiedet werden« – dies ist also *eine Folge* erst des von Jahwe heraufzuführenden Schaloms, nicht aber der erste, selbstmächtige Schritt der Menschen auf diesem Wege. In der gefallenen Welt kennt das Alte Testament – leider – auch den umgekehrten Imperativ: »Macht aus euren Pflugscharen Schwerter und aus euren Sicheln Spieße! Der Schwache spreche: Ich bin stark!« (Joel 4,10)

Mit anderen Worten: Unter den Friedfertigen sind Menschen zu verstehen, die sich in ihrer persönlichen und politischen Friedensfertigkeit angewiesen sehen auf einen anderen Schalom als den, den sie selber herzustellen imstande wären – und die sich selber sowie ihre Gegner, ja: Feinde zu diesem Schalom in eine Beziehung bringen lassen; worin ja das erste Stück Ent-Feindung liegt. Erst die gegenteilige, die finale Beziehungslosigkeit läßt aus dem fürchterlichsten Streit die beziehungslose Feindseligkeit werden. Jenes Freund-Feind-Verhältnis also, in dem der faschistische Staatstheoretiker Carl Schmitt ursprünglich das eigentliche Wesen der Politik sehen wollte. Die friedliche Beziehung ist nur möglich, wenn sich die Gegner auf etwas Drittes außer ihnen selbst beziehen können. Man sieht, wie das *Eschaton*, die Rede von den letzten Dingen, höchst konkrete Auswirkung auf die ersten Dinge hat, die wir zu tun haben. Dies ist ein Grund dafür, daß das friedensethische Gebot und das Gebot des Gewaltverzichts – ungeachtet ihrer scheinbar illusionären Weltfremdheit – über die Jahrtausende ein kritisches Bewußtsein für das Richtige im Falschen wachgehalten haben. Nicht trotz, sondern wegen ihrer Radikalität – die aber eben keine abstrakte Absolutheit sein kann.

Frieden ist eben keine absolute, unbedingte Angelegenheit, sondern vielmehr eine ganz relative Sache, eine bedingte Frage der Beziehungen. Und wiederum nicht nur einer bedingungslosen Beziehung, sondern der Einsicht: Menschen, Gegner zumal, können einander nur verstehen und vertragen als aufeinander Bezogene, wenn also jeder sich zunächst selber als bedingt, als abhängig versteht, und sich deshalb nicht selber absolut setzt. Krieg ist so gesehen ein »Beziehungsdelikt«. Und die siebte der Seligpreisungen ist – ungeachtet ihrer eschatologischen Hochspannung – voller diesseitiger Einsicht.

Der Frieden als ein relativer Zustand, als eine Frage der Relation ist nicht zu begreifen in absoluten Zuspitzungen. Das zeigt sich schon an den Wendungen, die die Friedensdiskussion und -bewegung in den zurückliegenden Jahrzehnten genommen hat. Es ist ja ein weiter nicht polemisch zu denunzierendes Paradox, daß Menschen, die vormals selber aus ihrer eigenen Gewissensentscheidung den Wehrdienst verweigert haben, heute gleichwohl der entschiedenen Ansicht sind, deutsche Soldaten hätten auch auf dem Balkan ihre Rolle zu spielen; wohingegen hartgesottene militärische Praktiker gerade daran entschiedene Zweifel äußern. Doch zur Relativität von Zwecken und Mitteln später – und dann nicht im Sinne des Satzes: der Zweck heiligt die Mittel, sondern: zu den Beziehungen zwischen beiden.

So absurd oder anstößig dies auf den ersten Blick klingen mag: Die Strategie der nuklearen Abschreckung setzte die verfeindeten Großmächte in eine Beziehung zueinander (wie Skorpione in der Flasche), in der keine ohne die andere überleben konnte – und in der jede von ihnen existentiell auf etwas außerhalb ihrer eigenen Existenz bezogen war. Freilich war dieses *tertium comparationis* (und ohne ein solches *tertium* gibt es eben im logischen Ernstfall keine Beziehung zwischen zweien) nicht der Schalom, sondern die vollständige, gegenseitige – also: teuflisch beziehungsreiche – Vernichtung. Nicht, daß das – fatal riskante – Kalkül etwa nicht funktionierte, war das *skandalon*, sondern die Tatsache, daß Mächte nur unter einem solch teuflischen Dritten zur Vernunft kamen. Und daß Beziehungen dieser Art zwar die Ent-Artung der Beziehung verhindern, aber keine art-gerechte Beziehung herstellen können, keinen Schalom.

Seit diese Art der teuflischen Beziehung obsolet geworden ist, sind Kriege in unserer allernächsten Nähe wieder führbar geworden: Es fehlt das infernalische *tertium*, das die Kriegsparteien gegen ihren Willen in Beziehung zueinander setzt. Und wo es dieses finale oder initiale *tertium* nicht gibt, teuflisch oder – göttlich, stehen wir vor der Frage: Sollen wir der Ent-Artung der Verfeindung tatenlos zusehen, dem Morden und Metzeln? – Es zeigt sich angesichts dieser Frage, daß die Diskussion in der deutschen Friedensbewegung – weil sie vorwiegend auf die Strategie der nuklearen Abschreckung bezogen war – nicht ausreichend geklärt hatte, ob ihr »Nein ohne jedes Ja« wirklich absolut gesetzt werden durfte. Und ob es folglich auch unter Bedingungen und auf Feldern gelten konnte, in denen diese Strategie nicht mehr wirksam sein würde; eine

Möglichkeit, die als solche auch nicht ausreichend bedacht worden war. Weil man die Unumkehrbarkeit der ablehnten Strategie selber voreilig absolut gesetzt hatte.

Vor diesen Fragen ist es still geworden im Lande um den absolut gesetzten Pazifismus. Im Grunde sind beide, der absolute Pazifismus wie das absolute Vertrauen auf militärische Macht, beziehungslos gedacht, abgelöst (das ist gemeint mit: *absolutus*) von ihren Voraussetzungen. Beide sind eine *ultima ratio* – allerdings beide, weil zu spät einsetzend: *nach* der ratio. Aus diesem Grunde hatte Karl Barth geschrieben:»Das haben ja die Pazifisten und die Militaristen gewöhnlich gemeinsam, daß ihnen die Gestaltung des Friedens als Gestaltung des Staates zur Demokratie und der Demokratie zur sozialen Demokratie, wenn nur erst ›abgerüstet‹ bzw. ›aufgerüstet‹ werde, *curia posterior* zu sein pflegt. Und eben darin hat die christliche Ethik ihnen beiden zu widersprechen: weder die ›Abrüstung‹ noch die ›Aufrüstung‹ kann *curia prior* sein, sondern allein die Herstellung einer für Alle sinnvollen und gerechten Lebensordnung.«

Auch der Pazifismus der Bergpredigt ist nicht absolut und *a priori*, also: beziehungslos gedacht, weil er nämlich auf den göttlichen Schalom bezogen ist; nicht also auf die teuflische Vernichtung. Aber an diese Möglichkeit eines beziehungsreichen Schalom zu erinnern, das ist auch die Aufgabe jenes symbolischen Handelns der Militärseelsorger, die – mitten in den bosnischen Schrecken – keine Waffen tragen, als gäbe es ein richtiges Leben im falschen.

Es gehört übrigens zu den Merkwürdigkeit des deutschen Rechts zur Kriegsdienstverweigerung, daß – obgleich die Anordnung des Wehrdienstes ja der unterstellten Ethik der Bergpredigt widerspricht – die Verweigerer ihrerseits absolut auf die Bergpredigt festgelegt werden, und zwar in ihrer zwanghaft absoluten Interpretation. Die Haltung des »alles oder nichts« wird den Verweigerern von jenen aufgezwungen, die eine solche Haltung für sich nicht gelten lassen würden. Nicht die radikale Ablehnung der Gewalt in einer bestimmten, relativen Situation berechtigt zur Verweigerung, sondern nur die beziehungslose, also unbedingte Ablehnung.

Da hatte Karl Barth, der schweizer und calvinistische Theologe, der eben zugleich von älter verwurzelten staatsbürgerlichen Traditionen und von einem republikanischen Christentum geprägt war, ganz anders argumentiert. Dienstverweigerung sei nur in ganz genau zu definierenden Situationen möglich, und zwar als zu verantwortende politische Einrede gegen die staatliche Entscheidung – also als *radikale und rela-*

tive Entscheidung: »Die radikalen Pazifisten sind in diesem Sinne keine freien Menschen: keine, die auch frei *bleiben* wollen. Prinzipieller Antimilitarismus läuft vor lauter Konsequenz auf eine Dienstverweigerung hinaus, die man sich eben nicht leisten dürfte.«

Wir können uns vorstellen, warum Staaten sich auf eine solche relative Verweigerung nicht einlassen wollen – sie fürchten die unübersichtliche, quasi anarchische Diskussion. Sie fürchten sie so sehr, daß sie den Kriegsdienstverweigerer in die Position eines hilflos absolut argumentierenden Menschen drängen. Sie fürchteten sich – früher! – so sehr, daß sie lieber Gewaltlose zu Märtyrern machten, als daß sie ihr eigenes Verhältnis zur Gewalt relativieren ließen.

Es ist freilich die gebrochen-ungebrochene Erinnerung an die Bergpredigt, die mit dazu beigetragen hat, daß dieser Stein vom weichen Wasser verkleinert wurde. Letztlich hat diese Erinnerung dazu beigetragen, daß der Angriffs- und Eroberungskrieg nicht mehr zu den primären und legitimen Machtmerkmalen der Staaten gehört und daß die Figur des »gerechten Krieges« als Ausdruck staatlicher Souveränität aus dem Völkerrecht entfernt wurde. (Davon zu unterscheiden ist der »gerechtfertigte Krieg« als Nothilfe für Angegriffene – mit UN-Mandat oder, zur Not, zur Not-Hilfe, ohne.) Die Kirchen haben Kriege gesegnet, an allen Fronten – das gehört, Gott sei's geklagt, zu ihrer Sündengeschichte. Aber dies ist eben nicht ihre gesamte Geschichte. Gegen die »absolutistische« Kategorie des in und an sich »gerechten Krieges« hatte schon Martin Luther in seiner Schrift »Ob Kriegsleute auch in seligem Stande sein können«, die gewiß zutiefst ihrer Zeit verhaftet ist, polemisiert: »So ist in diesem Stücke das erste, daß Kriegführen nicht recht ist ... Es sei denn, daß es solchen Grund und solch Gewissen habe, daß man da sagen könne: Mein Nachbar zwingt und nötigt mich Krieg zu führen, ich wollts lieber sein lassen, auf daß der Krieg nicht allein Krieg, sondern auch pflichtmäßiger Schutz und Notwehr heißen könne.« Der eine Krieg, so Luther, sei ein mutwilliger Krieg, der andere ein Notkrieg zu heißen· »Der erste ist des Teufels, dem gebe Gott kein Glück. Der andere ist ein menschliches Unglück, dem helfe Gott.« Und schließlich, als sei es eine Erinnerung an die in der Bergpredigt geforderte Langmut – und eine Vorwegnahme der Lage auf dem Balkan: Das Kriegführen könne nur ein »abgenötigt Ding« sein. »Nötigen aber ist, wenn der Feind oder Nachbar angreift und anfängt, und nicht helfen will, daß man sich zum Recht, zur Verhandlung, zum Vertrag erbietet, allerlei böse Worte und Tücke verträgt und zugute hält, sondern schlechterdings mit dem Kopf hindurch will.« (Schon deshalb, und aus vielen anderen Gründen mehr, ist die fatale, angeblich typisch deutsche Reihung: »Luther, Friedrich II., Bismarck, Hitler« eine ungebildete Karikatur. Was immer die drei Letzteren voneinander kategorisch trennen mag, in einem sind sie sich gleich: Sie konnten sich für ihre militärischen Taten jedenfalls nicht auf Luther berufen.)

»Selig sind die Friedfertigen; denn sie werden Gottes Kinder heißen.« Gerade wer den Frieden will, darf ihn nicht als eine absolute Sache, sondern muß ihn in Relationen betrachten, als relative Größe, bezogen auf ein beziehungsstiftendes *tertium*. Wer aber den Frieden un-bedingt verabsolutiert, macht sich – paradoxerweise! – friedensunfähig. Der zweiundzwanzigjährige Dietrich Bonhoeffer konnte 1928, als Vikar in Barcelona tätig, noch sagen: »Es ist das größte Mißverständnis, wenn man die Gebote der Bergpredigt etwa selbst wieder zum Gesetz macht, indem man sie wörtlich auf die Gegenwart bezieht ... Das ganze Leben etwa des Grafen Tolstoj und so mancher anderer ist aus diesem Mißverständnis heraus geführt worden.« Doch zurückgekehrt in die deutschen Wirren, noch vor 1933, erwächst ihm, wiederum aus der Bergpredigt, die Einsicht: »Der christliche Pazifismus, den ich noch kurz vorher ... leidenschaftlich bekämpft hatte, ging mir auf einmal als Selbstverständlichkeit auf.« Seine Freunde hatte diese Wendung zunächst verstört. In der verbrecherischen Verdichtung der NS-Diktatur und mitten im verbrecherischen Vernichtungs- und Eroberungskrieg entschließt der selbe Mensch – wie hätte erst dies manche Freunde verstört? – sich zur verschwörerischen Teilnahme am Tyrannenmord. So kann man aufgrund der Bergpredigt und in der radikalen Auseinandersetzung mit der Relativität von Situationen zum Märtyrer werden. – Es gibt ein richtiges Leben im falschen.

VIII. Im Zweifel für die Wahrheit
Selig sind, die um der Gerechtigkeit willen
verfolgt werden; denn ihrer ist das Himmelreich

Am 27. Oktober 1553 wird in Genf ein Scheiterhaufen entzündet. Auf
ihm starb elendiglich der aus Spanien gebürtige, rechtlich wie theologisch geschulte Arzt Michael Servet. Servet war auf dem Weg nach
Italien und auf der Flucht vor der katholischen Inquisition (die ihn bereits katholisch zum Tode verurteilt hatte) in Genf untergetaucht, dort
von Johannes Calvin entdeckt – und schließlich auf Calvins Betreiben
(diesmal nun protestantisch) zum Tode bestimmt worden; Calvin freilich hatte sich, in einer humanen Anwandlung, für die mildere Form der
Enthauptung ausgesprochen. Daß dieser Justizmord an einem Menschen,
der gegen kein Genfer Gesetz verstoßen hatte, ja – naturgemäß, als
Flüchtling! – auf dem Territorium des Genfer Gemeinwesens auch keineswegs versuchte, seine Lehre öffentlich zu verbreiten – daß dieser
Mord auch von vielen auswärtigen Gutachten (darunter eines von Phil-
ipp Melanchton) sanktioniert wurde, macht die Sache nur noch schlimmer. Sebastian Castellio, der protestantische Humanist und Philologe
(er hatte sich um 1544 schon mit Calvin überworfen, wegen dogmati-
scher Probleme und über Fragen der Toleranz), veröffentlichte auf diese Untat hin seine erste große Streitschrift für die Toleranz über die
Frage, ob man Häretiker verfolgen soll, ja darf – und setzte damit das
Thema der Toleranz unwiderruflich auf die theologische Tagesordnung:
»De haereticis, an sint persequendi« – Hingegen: *»Beati qui persecut-
ionem patiuntur ...«*, so lesen wir in der achten und letzten Seligpreisung der Bergpredigt: Selig sind, die Verfolgung leiden ...
Um der Gerechtigkeit willen – das kann, nach allem, was sich in der
sich steigernden Sequenz der Seligpreisungen, vor allem im Zusammenhang von Gerechtigkeit, Barmherzigkeit, Frieden verdichtet hat,
nur heißen: um der Wahrheit, um der letzten, um einer existentiellen
Wahrheit willen.
Der hingemordete Michael Servet war nach allen Regeln der Unterschei-
dungs-Kunst ein echter Häretiker. Er bestritt zum Beispiel das Dogma
von der Trinität Gottes. Er vertrat seine ketzerischen Ansichten aber, so
wird ihm bescheinigt, auf der Grundlage einer stupenden Kenntnis der
Bibel und der alten Dogmengeschichte – und gerade weil er die Bibel so
genau kannte, bestritt er die biblische Legitimität der Trinitätslehre. Es

zeigt sich auch in diesem Beispiel, daß in jeder echten Häresie (anders als im bloßen, blassen Apostatentum) ein Stück Wahrheit steckt – und: in jeder echten Theologie ein Risiko der Häresie. Es gibt eben auch hierin ein Richtiges im Falschen ... (Und manch Falsches im allzu Richtigen!)

»Selig sind, die um der Gerechtigkeit willen verfolgt werden; denn ihrer ist das Himmelreich.« – Wie kann dieser Satz in unseren Kirchen überhaupt noch gepredigt werden, nach all den Scheiterhaufen, nach all den Kreuzzügen und Religionskriegen – nach all dem Morden und Brennen, bis in die jüngste Geschichte, Nord-Irlands zum Beispiel; wo es um die »Wahrheit« an der Seite der Macht und Gewalt ging, also um die Wahrheit einer Macht? Dies ist nur deshalb möglich, weil es auch die andere, noch ältere Geschichte gibt, die weit hinter die Vermählung des Christentums mit der Macht zurückreicht, weit hinter die Konstantinische Wende – und auch über das Bündnis von Thron und Altar hinaus: daß Menschen als Zeugen ihrer Wahrheit gestorben sind, als Zeugen gegen verlogene Macht und bösartige Gewalt. – Getötet wurde (und wird weiterhin) in der Geschichte wegen vieler Dinge: Geld, Gier, Macht – auch, so behauptet man, um der Wahrheit willen. Sterben aber, willentlich in den Tod gehen, das tut man nur aus Verzweiflung – und nur um einer wirklichen Wahrheit willen: weil anders man an der Unwahrheit verzweifeln würde. Solchen aber gilt diese Seligpreisung. Und um ihretwillen, um des Richtigen im Falschen willen, darf sie auch immer noch gepredigt werden.

Die Ethik der Bergpredigt, jede Ethik bekommt es am Ende nicht mit einem obersten Gebot, einer Summe aller Moral, sondern mit der – Wahrheit zu tun. In unserer verbürgerlichten Moral (und auch: in unserem verbürgerlichten Christentum), erst recht im fadenscheinigen Sittenkodex der Bourgeoisie sieht es umgekehrt so aus, als sei eine irgendwie geartete Ethik (ein Ethos des Anstands oder der Zweckmäßigkeit) geradezu das geeignete Vehikel, die existentielle Wahrheitsfrage, die Frage nach der Wahrheit der eigenen Existenz – gewissermaßen: anständig – zu umgehen. Die Frage nach der Letztbegründung ist lästig – auch vielen unter denen, die einen Text wie die Bergpredigt als ethisch radikales Dokument in Ehren halten. Aber was wäre eine Radikalität wert, die Fragen (zumindest: Fragen!) der Letztbegründung als zu radikal scheut?

In den konfessionellen Debatten, die in den vergangenen zwei Jahren zwischen Katholiken und Protestanten (Stichwort: Rechtfertigungslehre) stattfand, haben viele Beobachter ungeduldig abgewunken: Theologengezänk, das man von den frommen Christen so weit wie möglich fernhalten sollte – so der Politiker Helmut Schmidt. Fusioniert doch einfach – so der Journalist Herbert Riehl-Heyse. Aber weshalb kämen wir nie auf den Gedanken, den Philosophen zuzurufen: Ach, Kant, Hegel, Heidegger, Habermas, Spaemann – werft doch alle eure Sachen zusammen auf einen Haufen; fusioniert eure Theorien zu einer schönen, schlichten Philosophie, die das Leben leicht macht; und das Philosophieren? Oder redeten wir so zu theoretischen Physikern, zu Ökonomen? Überall gilt der finale Disput um die sachliche Wahrheit als erkenntnisfördernd. Warum sollten wir ausgerechnet dort, wo wir das Ganze unserer Existenz interpretieren, halbe Sachen machen? Lästig am genauen Fragen kann – vom selbstgefälligen, unverständlichen Geschwätz abgesehen, das es, wie überall, auch hierin gibt – im Ernst nicht sein Schwierigkeitsgrad sein, sondern nur die Frage selber. Und in dieser Frage geht es letztlich um die Unterscheidung zwischen der uns zukommenden Hoffnung und der von uns ausgehenden Illusion, also zwischen der exogenen Hoffnung und der endogenen Illusion, genauer: zwischen Gott und Götzen. Eben dies macht den Unterschied zwischen der christlichen Utopie und gewöhnlichen Utopie aus: daß sie sich nicht auf sich selber verläßt.

Vor kurzem hat es ein kleines Buch zur Ehre der weltlichen Altäre unserer Bestseller-Listen geschafft – ein in Zeitungskolumnen geführter Disput zwischen Umberto Eco und dem Mailänder Kardinal Carlo Maria Martini: »Woran glaubt, wer nicht glaubt?« Dieser Diskurs erreichte seine eigentliche Zuspitzung erst als Martini – an Eco gerichtet – die Frage stellte, welche letzte Begründung für die Ethik ein Nichtgläubiger in der Situation der Post-Moderne vorbringt: »Worauf beruht die Gewißheit und der imperative Charakter Ihres moralischen Handelns, wenn Sie für die Grundlegung der Absolutheit eine Ethik sich weder auf *metaphysische* Prinzipien oder jedenfalls transzendente Werte noch auf einen universal gültigen *kategorischen Imperativ* berufen wollen? Einfacher formuliert (es haben sich nämlich einige Leser bei mir beschwert, unser Disput sei allzu schwierig – *[Wir kennen dieses Argument, siehe oben, R.L.]*): Welche Gründe kann jemand für sein Handeln anführen, der moralische Prinzipien vertritt, die auch das Opfer seines Lebens erfordern können, der aber nicht an einen personalen Gott glaubt?«

Die achte Seligpreisung der Bergpredigt gilt nicht allein denen, die um der Gerechtigkeit, der umfassend verstandenen δικαιοσύνη willen Verfolgung erdulden, sondern viel mehr noch jenen, für die elementares Handeln und ultimative Begründung, Erstes und Letztes in eines fallen – und die gerade deshalb der Verfolgung nicht entgehen können.

Der katholische Theologe Hans Küng, von der Hierarchie seiner Kirche verstoßen, weil er *deren* Verknüpfung erster und letzter Wahrheiten nicht beipflichten wollte, hat sich daraufhin seinem Projekt eines »Weltethos« zugewandt. Es müsse doch einen ethischen Kernbestand in allen Weltreligionen geben, der sich gewissermaßen unter Absehung der eigentlich »theologischen« Begründung, schon gar: der Letztbegründung herausfiltern und gemeinsam vertreten lasse. Insofern damit ein universeller ethischer Minimalkodex gemeint ist, kann dies auch als Versuch verstanden werden, das Minimum an Gerechtigkeit (und Freiheit!) von jeder (politischen) Verfolgung freizustellen. Das Paradox einer solchen von der letzten Wahrheitsfrage abstrahierten Fundamentalethik ist nun freilich dieses, daß Max Weber insofern punktuell (gewissermaßen häretisch) Recht bekommt, wenn er über die Ethik der Bergpredigt sagt: »... ganz *oder* gar nicht, *das* gerade ist ihr Sinn, wenn etwas anderes als Trivialitäten herauskommen soll.« (Webers Problem ist nur dieses: um die Radikalität der existentiellen Letztbegründung kommt keine seriöse Ethik herum, auch seine »Verantwortungsethik« nicht.) Den Programmsätzen des »Weltethos« eignet (auch der in diesem Geiste entworfene »Allgemeine Erklärung der Menschenpflichten«, die im Jubiläumsjahr der Menschenrechtserklärung der Uno eine Weile die Diskussion belebte) – solchen Setzungen freilich eignet nun in fataler Weise der Charakter des Trivialen; was auch nicht dadurch verdeckt wird, daß selbst diese trivialen ethischen Forderungen nicht überall geachtet werden.

Die Kunst (und nach Martin Luther ist die Theologie eine Kunst!), die Kunst, die unter globalen Bedingungen und im Kontext multi-religiöser (und – sei's drum! – multi-kultureller) Gesellschaften gelehrt werden muß, ist *nicht* diese: unter Absehung von Letztbegründungen und Wahrheitsfragen zusammenzuleben; das führte nur zu einem wahrheitsabstinenten, ja auf lange Sicht wahrheits-unfähigen Lebenszusammenhang. Sondern die eigentliche Kunst ist die: der Pluralität, ja dem Gegensatz aller unterschiedlichen Letztbegründungen geduldig standzuhalten. Und jeder Verfolgung wegen solcher letzten Wahrheiten aktiv entgegenzutreten. Dies aber schließt auch ein, jenen entgegenzutreten, die unter Berufung auf eine (vermeintliche, angebliche) Letztbegründung die Grundrechte anderer verletzen.

Nun aber in der Gegenbewegung gefragt – im Kontrapunkt: Wenn es kein wirkliches Ethos ohne eine Letztbegründung gibt, die ihm ultimativen Halt verleiht (und die, siehe Carlo Maria Martini, auch das Opfer des Lebens erfordern könnte) – gibt es dann eine Letztbegründung ohne ein Ethos, das dieser finalen Autorität entspricht? Das nämlich ist der Kern der Bergpredigt – und schließlich aller christlichen Theologie, sei sie nun paulinisch oder matthäisch, protestantisch oder katholisch geprägt: Es geht in jedem Fall darum, den Zusammenhang zwischen Lehre und Tun, zwischen Dogma und Praxis so darzustellen, daß eines mit dem anderen übereinstimmt; keines gibt es ohne das andere. Aller noch so scharfe Kontrast zwischen den Theologien und Konfessionen konvergiert letztlich in der Aufgabe, diesen Zusammenhang zwischen Wahrheit und Ethos zu sichern.

Was aber wäre in diesem letzten Sinne unter Wahrheit zu verstehen? Offenkundig nicht bloß die korrekte Wiedergabe einer gewußten Information auf Abruf und zwar ohne jede Rücksicht auf die Situation und die Folgen! Obschon mit dieser vermeintlichen Selbstverständlichkeit bereits ein schwieriges Gelände betreten wird.

In einer kleinen Schrift Immanuel Kants wird das zugrundeliegende Problem deutlich: »Über ein vermeintes Recht aus Menschenliebe zu lügen.« Kant setzt sich darin mit einer Vorhaltung Benjamin Constants an seine Adresse auseinander. Ein »deutscher Philosoph«, so Constant, sei so weit gegangen zu behaupten, »daß die Lüge gegen einen Mörder, der uns fragte, ob unser von ihm verfolgter Freund sich nicht in unser Haus geflüchtet, ein Verbrechen sein würde.« (Kant, indem er sich mit diesem 1797 veröffentlichten Traktat auseinandersetzt, räumt ein: »Daß dieses wirklich an irgend einer Stelle, deren ich mich aber itzt nicht mehr besinnen kann, von mir gesagt worden, gestehe ich hiedurch.«) Constant hingegen wendet ein: »Kein Mensch aber hat Recht auf eine Wahrheit, die anderen schadet.« Die Frage ist ja so theoretisch nicht – man braucht sie nur auf die Nazi-Zeit und die Hausdurchsuchungen nach versteckten Juden zu übersetzen ...

Kants – wie es scheint – kategorischer Radikalismus ist nicht so absurd, wie er auf den ersten Blick erscheint, denn ihm geht es um das Grundvertrauen, »daß Aussagen (Deklarationen) überhaupt« Glauben finden – im rechtlichen wie im bürgerlichen Verkehr. Unter den – sei es axiomatischen, sei es hypothetischen – Bedingungen öffentlicher Wahrhaftigkeit würde nun in der Tat der ins Allgemeine gewendete Kinderreim als eiserne Regel gelten: »Wer einmal lügt, dem glaubt man nicht, und wenn er gleich die Wahrheit spricht!« – Nämlich so: Wenn einer einmal lügt, wie kann man dann noch allen immer glauben?

Unter solchen Rahmen-Bedingungen kann man dann vielleicht sogar mit Kant – »gesinnungsethisch«, gemeint ist aber: moralisch – folgern: Wer einem solchen in die Tür tretenden Mörder, da er einer »Deklaration« nicht ausweichen kann, die Wahrheit sagt, ist für die Tat des Mörders keinesfalls verantwortlich, zumal da sie aus einem äußerlichen

Zufall, nicht dem eigenen Vorsatz entspringt. Zum näheren Beweis unterstellte Kant übrigens den umgekehrten Fall, der bedrohte Freund habe sich heimlich aus dem Haus geflüchtet. Was nun, wenn der Hausherr dem Mörder – ohne davon zu wissen! – »vorlügt«, sein Freund sei gar nicht im Hause; der Mörder aber davongeht, den guten Mann auf der Straße trifft – und ihn umbringt? Dann wäre der Hausherr der Mitwirkung schuldig, weil er dem Tatverlauf durch seine »Lüge« eine fatale Wendung gegeben hat.

Weshalb der Rückgriff auf diese fast anekdotische Kasuistik? – Wir hatten zunächst gesehen, daß ethische Fragen nicht ohne Bezug auf eine Letztbegründung, auf eine existentielle Wahrheit beantwortet werden können. Jetzt erkennen wir deutlicher, daß Fragen der Letztbegründung und existentiellen Wahrheit nicht ohne Bezug auf ethische Konsequenzen zu beantworten sind. Selbst Immanuel Kant begründet seine uns fast absonderlich erscheinenden Zuspitzung mit einer dezidiert auf ethische Folgen abstellenden Frage: Wo kämen wir hin, wenn das Vertrauen auf die Wahrhaftigkeit des Miteinander-Redens, also der – modern gesprochen – öffentlichen Kommunikation durch willkürliches Abweichen vom Pfad der Wahrheit in Frage gestellt werden dürfte, und sei es in bester Absicht?

Was aber, wenn die Wahrheit systematisch mit Füßen getreten wird, wenn das gesamte öffentliche Wesen zur reinen Lüge und zum vollständigen Verbrechen wird? Wenn nicht mehr der einzelne Mörder gegen das Recht verstößt, sondern der Mord zum System wird? Reden wir also von der »Verfolgung um der Gerechtigkeit willen«, so reden wir von einem Zustand, in dem der Zusammenhang zwischen Handeln und Wahrheit, von Ethos und Letztbegründung gewaltsam und todbringend zerrissen wird – und also auch: von Wahrheit und Existenz. Als die Nationalsozialisten Edith Stein, die Jüdin und katholische Nonne, im August 1942 aus ihrem niederländischen Kloster nach Auschwitz verschleppten und dort ermordeten, wurde sie um ihres schlichten Soseins und Daseins als Jüdin verfolgt; ihrer schlichten Existenz wurde die reine Wahrheit bestritten. Als die Nazis den Berliner Dompropst Bernhard Lichtenberg im September 1941 verhafteten und schließlich bis zur tödlichen Krankheit peinigten, geschah dies, weil er in seinen Abendandachten in der St.Hedwigs-Kathedrale täglich auch für die Juden betete, um die Einheit von Wahrheit und Ethos wiederherzustellen.

Dietrich Bonhoeffer schrieb in einen Fragmenten zur »Ethik«, wahrscheinlich im Herbst 1942, unter dem Druck antichristlicher Gewalten sei die Minderheit der bekennenden Gemeinden zur »Konzentration auf das Wesentliche« gedrängt worden: »das verletzte Recht, die unterdrückte Wahrheit, die erniedrigte Menschlichkeit, die vergewaltigte Freiheit« – also in den Zustand derer, die um der Gerechtigkeit willen Verfolgung zu dulden haben. Bitter enttäuscht von seiner Kirche, die in ihrer Mehrheit schon zufrieden war, wenn sie ihre »Wahrheit« auf dem stillen und geduldigen Papier aufrechterhielt, während die Mörder sich im Haus zu schaffen machten, interpretiert Bonhoeffer die achte Seligpreisung in einer letzten Zuspitzung so, daß es dabei weder um die Gerechtigkeit Gottes noch um die Verfolgung um Jesu willen gehe, sondern um jene, die um einer menschlichen Sache willen verfolgt werden: »Die falsche Ängstlichkeit jener Christen, die jedem Leiden um einer gerechten, guten, wahren Sache willen ausweichen, weil sie angeblich nur bei einem Leiden um des ausdrücklichen Christusbekenntnisses willen ein gutes Gewissen haben können, jene Engherzigkeit also, die jedes Leiden um einer gerechten Sache willen verdächtigt und von ihm abrückt, wird durch diese Seligpreisung Jesu kräftig ins Unrecht gesetzt.«

Diese nun ihrerseits notwendigerweise auch kritisch zu interpretierende Interpretation hat allerdings ihr Recht und ihre Größe eben darin, daß sie zeigt: Es gibt keine Wahrheit für sich selbst ohne ein ihr entsprechendes Verhalten – dies ist der ganze Kern der Bergpredigt und *pars pro toto* auch des Christentums, auch ihrer weltgeschichtlichen Motorik durch zwei Jahrtausende. Es gibt außerdem ein solches der Wahrheit entsprechendes Verhalten *ohne ausdrückliche* Beschwörung der (oder: dieser einen) Wahrheit. Ein solches richtiges Verhalten kann auch motiviert sein jenseits der christlichen Wahrheit; schließlich wurden im Dritten Reich auch andere als Christen verfolgt – ohne daß die Christen um ihrer willen aufgeschrien hätten. In der späteren Haft notiert Bonhoeffer sogar tastende Bemerkungen über ein »religionsloses« oder »unbewußtes« Christentum; sie wären freilich falsch interpretiert, wenn darin der Verzicht auf eine zuletzt begründende Wahrheit gelesen würde. Es kann dies allerdings nicht eine nur verbal behauptete, sondern nur eine existentiell beglaubigte Wahrheit sein.

»Selig sind, die um der Gerechtigkeit willen verfolgt werden; denn ihrer ist das Himmelreich.« – Nach all diesem wird schließlich deutlich: Vor allem die letzte, aber auch jede andere der Seligpreisungen kann nicht als Menschenlob für Menschen gelesen werden. Denn wer die Verfolgung überlebt hat, muß sich fragen: Warum? Und wer sie nie erfahren hat, muß sich fragen, wie er davon reden könnte.

Eine letzte Nachschrift: Hans Bernd von Haeften gehörte zu den Verschwörern des 20. Juli 1944. Er wurde am Abend des 15. August 1944 aufgrund eines »Urteils« des nationalsozialistischen »Volksgerichtshofes« erhängt. In der Verhandlung vor Freisler hatte er am selben Tage die »weltgeschichtliche Rolle des Führers« mit den Worten bezeichnet, »daß er ein großer Vollstrecker des Bösen ist.« In seinem Abschiedsbrief läßt er die quälende Gewissenserforschung erkennen, der er sich in der Haft unterzogen hatte. Schließlich wirft er sich vor, das fünfte Gebot (»Nicht morden!«) nicht heilig gehalten zu haben – obschon er sich dem Widerstand gerade aus christlicher Überzeugung angeschlossen hatte. Dieser in seiner verstörenden Zerrissenheit bewegende Brief läßt nun beides erkennen: Es gibt in der Tat ein richtiges Leben im falschen – aber in aller Vorläufigkeit dieses Lebens in all *unserem* Richtigen auch immer ein Falsches.